湖南省普通高校教改研究项目"新时代英语专业英美文学教学改革与学生跨文化能力培养"
（湘教通〔2019〕291号）

湖南省发改委创新研发项目"湖南师范大学大学生人文素质教育改革与教材研究"
（湘发改投资〔2019〕412号）

学学半
新时代外语教学与研究文集

蒋洪新 著

外语教学与研究出版社
FOREIGN LANGUAGE TEACHING AND RESEARCH PRESS
北京 BEIJING

图书在版编目（CIP）数据

学学半：新时代外语教学与研究文集 ／ 蒋洪新著 . —— 北京：外语教学与研究出版社，2019.12
ISBN 978-7-5213-1449-6

Ⅰ . ①学… Ⅱ . ①蒋… Ⅲ . ①外语教学－教学研究－文集 Ⅳ . ①H09-53

中国版本图书馆 CIP 数据核字 (2020) 第 013839 号

出 版 人　徐建忠
责任编辑　程　序
责任校对　闫　璟
装帧设计　黄　浩
出版发行　外语教学与研究出版社
社　　址　北京市西三环北路 19 号（100089）
网　　址　http://www.fltrp.com
印　　刷　北京盛通印刷股份有限公司
开　　本　889×1194　1/32
印　　张　7.5
版　　次　2020 年 7 月第 1 版　2020 年 7 月第 1 次印刷
书　　号　ISBN 978-7-5213-1449-6
定　　价　99.00 元

购书咨询：（010）88819926　电子邮箱：club@fltrp.com
外研书店：https://waiyants.tmall.com
凡印刷、装订质量问题，请联系我社印制部
联系电话：（010）61207896　电子邮箱：zhijian@fltrp.com
凡侵权、盗版书籍线索，请联系我社法律事务部
举报电话：（010）88817519　电子邮箱：banquan@fltrp.com
物料号：314490001

记载人类文明
沟通世界文化
www.fltrp.com

蒋洪新

　　1964年11月生，湖南永州人，文学博士，湖南师范大学教授，博士生导师、国务院学科评议组成员、国家新世纪"百千万人才工程"人选，教育部高等学校英语专业教学指导分委员会主任委员。

序　言

　　"学学半"出自《尚书·兑命》，是殷商时期思想家傅说提出的一种教育主张。傅说向商王武丁"劝教"说："惟学，逊志务时敏，厥修乃来。允怀于兹，道积于厥躬。惟敩学半，念终始典于学，厥德修罔觉。"[1] 其意有三：其一，为学之道在于谦逊、敬业、专力和机敏。其二，唯有一念始终，笃行躬践，且持之以恒，方能学必有成。其三，学同教，"上所施，下所效是为教也"。学与学乃事物之一体两面，一半谓教，一半谓学。这些思想经孔子的继承与发展，提炼出了"教学相长""学思并重"等诸多教学原则。《礼记·学记》有言："虽有嘉肴，弗食，不知其旨也；虽有至道，弗学，不知其善也。是故学然后知不足，教然后知困。知不足，然后能自反也；知困，然后能自强也。故曰：教学相长也。《兑命》曰：'学学半。'其此之谓乎？"[2] 可以说，"学学半"的思想在我国教育史上第一次深刻揭示出了教学相分相合的规律。

　　在西方的语境中，教与学的关系也备受教育研究

1　王世舜、王翠叶译注.尚书 [M] 北京：中华书局，2012：424.

2　戴圣编.胡平生、张萌译注.礼记 [M] 北京：中华书局，2017：698.

者的关注。以德国哲学家约翰·弗里德里希·赫尔巴特（Johann Friedrich Herbart）为代表的传统教育派，提出"教师、教材、课堂"三中心的主张，认为教师是教育过程的主导。美国哲学家约翰·杜威（John Dewey）根据实用主义教育哲学提出了儿童中心论，把重心从教师、教材转移到学生，以学生为教育主体。加拿大著名教育家迈克尔·富兰（Michael Fullan）则提出，教学不是简单的teaching和learning的相加，而应该用instruction来体现其整一性。他还提出："教学这门专业必须转变成为一种更好的学习型专业——这并非偶然现象，而是教师个人自身的要求，也是实践工作顺利开展的必然途径。"日本教育学者佐滕学（Manabu Sato）把教学活动理解为"学习共同体"，把教师的工作过程也解释为"学习和成长"的过程……他们不仅洞察了教学一体、教学相长的原则，还主张在教学过程中，要不断实现教师的自我成长与教育变革。

改革开放以来，我国的外语教育教学事业取得了显著成就，但深化外语教育教学改革的呼声也几乎没有停止。作为一名外语教育工作者，我秉承"教学相长、学思并重、知行合一"的教育理念，以"教中有学、学中有思、思而后教、教有所悟"的信条自砺自省，在从事外语教学和研究的同时，也将自己有关我国外语教育的经历、感受和思考整理成文，或刊发于各类报刊，或公开于学术会议，或附录于教材著作。在选编本书时，我重点择取了外语界比较关注的新时代外语教育改革、人文教育与外语教育、国标指南研制解读等方面的文章，并根据现实情况作了一些细微的调整。此外，我还揖录了与部分国内外著名学者相交的往事旧文。老一辈学者的提携和爱护于细微处见真情，每念及此，我总是深受感动，如沐春风。

目 录

漫谈新时代英语教育   1

新时代外语专业复合型人才培养的思考   12

新时代外语教育改革的几点构想   21

人工智能时代的外语教育改革   30

"通识教育"与英语专业人才的培养   44

人文教育与高校英语专业建设   59

外语教育的人文之道   71

加强研究生人文教育之我见   81

全人教育与个性学习

    ——《普通高等学校本科专业类教学质量国家标准
      （外国语言文学类）》课程体系的研制与思考   94

推动建构中国特色英语类本科专业人才培养体系

    ——《普通高等学校本科外国语言文学类专业教学指南（上）
      ——英语类专业教学指南》的研制与思考   109

关于制定《英语专业本科生阅读书目》的

    几点思考   123

新时代翻译的挑战与使命   137

持守初心　笃行致远

    ——我与中国外语教育改革 40 年   145

袁可嘉：青山绿水皆我故乡   158

雕虫岁月与漏船载酒：漫谈翻译家杨宪益   180

戛戛独造　融通中西

    ——管窥张隆溪先生中西文化研究   199

后记   224

漫谈新时代英语教育

1. 新时代与英语教育

党的十九大报告指出，"经过长期努力，中国特色社会主义进入了新时代，这是我国发展新的历史方位"[1]。这一科学论断意味着中华民族实现了从站起来、富起来到强起来的伟大飞跃，比历史上任何时期都更接近中华民族伟大复兴的目标，也意味着我国正日益走近世界舞台中央并不断为构建人类命运共同体作出更大贡献。

人类命运共同体的构想是新时代应对全球性问题和挑战，推动全球治理体系变革，实现人类共同美好未来的思想指南。习近平总书记强调，构建人类命运共同体，"要相互尊重、平等协商，坚决摒弃冷战思维和强权政治，走对话而不对抗、结伴而不结盟的国与国交往新路"；"要坚持以对话解决争端、以协商化解分歧"；"要尊重世界文明多样性，以文明交流超越文明隔阂、文明互鉴超越文明冲突、文明共存超越文明优越"[2]。

这里谈到的协商、对话和交流，从根本上涉及的是对文化多样性的理解和态度问题。人类历史的发展进程，实质上就是经过历史沉淀、符合人类精神追求并被

1　习近平. 决胜全面建成小康社会夺取新时代中国特色社会主义伟大胜利 [N]. 人民日报，2017-10-19.

2　同上.

广泛认可与接受的各种文明不断交融创新的过程。2001年11月，联合国教科文组织大会通过了《世界文化多样性宣言》，把文化多样性的问题提高到了世界各国的相互交往与交流的高度来认识。《宣言》指出："文化多样性是交流、革新和创造的源泉，对人类来讲，就像生物多样性对维持生态平衡那样必不可少。文化多样性是人类的共同遗产，应当从当代人和子孙后代的利益考虑并予以承认和肯定。"[1]

文化与语言密切相关，文化多样性的显著表征是语言的多元性。这是因为，语言是文化的重要载体，文化是语言的根本。语言和文化的多样性是丰富的人类精神文明遗产中不可分割的重要部分，而文化的多样性必须以语言的多元性为基础。正如《世界人权宣言》指出的，"每个人都应当能够用其选择的语言，特别是用自己的母语来表达自己的思想，进行创作和传播自己的作品"。

当今世界应用最广泛的语言无疑是英语。据统计，全世界1/3的人讲英语，45个国家的官方语言是英语，75%的电视节目用英语播出，80%以上的科技信息用英文表达，全球互联网信息90%以上是英语文本信息。[2]再以"一带一路"为例，"一带一路"涉及亚、欧、非三大洲，沿线65个国家涉及的国语或国家通用语达53种，民族或

1 UNESCO. 世界文化多样性宣言 [EB / OL] https://wenku.baidu.com/view/ b126d2355a8102d276a22f43.html.

2 李舫. 语言的壁垒 [N]. 人民日报（海外版），2005-5-16(1).

—— 右图
联合国总部
（美国纽约）

部族语言不下200种。[1]但就目前沿线国家的语言生态来看，没有一种语言像英语一样被如此广泛使用，"英语作为一门国际性语言的象征地位和声望是不可否认的"。[2]换言之，英语是一种全球通用语言。这是历史形成的，也是由全球化的趋势和英语的国际地位决定的。在未来的较长一段时间内，英语的这种地位将不会改变。

2. 我国英语教育面临新挑战

改革开放40年来，我国英语教育事业取得了显著成绩，这一点应予以充分肯定。但是，客观审视和全面反思我国英语教育现状，仍然是有必要的。在2016年底召开的中国外语教育改革与发展高层论坛（广州）上，

1　王辉，王亚蓝. "一带一路"沿线国家语言状况 [J]. 语言战略研究，2016（2）：13-19.

2　Ricento, T. (ed.). *Language Policy and Political Economy: English in a Global Context* [M]. Oxford: Oxford University Press, 2015: 278.

仲伟合[1]提出，我国外语教育存在的问题，一是"外语教学工具理性和市场导向性明显，对外语教育的战略意义认识有限"；二是外语教育"战略规划不足，资源投入不足"。孙有中[2]认为，我们对学生跨文化交际能力和思辨能力的培养不够。石坚[3]指出，我国过分突出英语教学的工具性和语言知识技能，忽视能力和综合素养的培养。如此等等。这些观点虽然尖锐，却反映了我国英语教育堪忧之现状。在这里，我想提几点我国英语教育在新时代面临的一些挑战供大家参考。

第一，社会上对外语教育的某些偏见。社会上有几个辩题都是伪命题，比如说汉语与英语孰优孰劣？学习英语是否会影响母语水平？汉语即将取代英语了吗？这些讨论看似在维护某种文化优先的立场，其实，要么是出于一种文化自卑，要么是出于一种文化自大。我们认为，简单地把英语教学与母语学习对立起来的做法是不可取的。在任何一个国家或地区外语教育与母语学习都可以做到并行不悖，一些先进国家甚至在基础教育阶段学生就可以选择学习几门外语。有一个客观的事实，近代以来的名家大师，如鲁迅、胡适、钱锺书等，哪一个不是学贯中西之

1 仲伟合. 国家战略视角下的我国外语教育改革和发展 [A]. 2016 中国外语教育改革与发展高层论坛 [C]. 广州：广东外语外贸大学. 2016-12-10.

2 孙有中. 论思辨能力与跨文化能力的关系 [A]. 2016 中国外语教育改革与发展高层论坛 [C]. 广州：广东外语外贸大学. 2016-12-10.

3 石坚. 能力与素养：英语专业学科内涵思考 [A]. 2016 中国外语教育改革与发展高层论坛 [C]. 广州：广东外语外贸大学. 2016-12-10.

士? 而那些著名的翻译家, 又有哪一个不深谙国学之道?

第二, 多媒体与机器翻译介入。2016年初, 我国互联网企业三巨头之一的百度公司研发的机器翻译项目获得了国家科技进步二等奖。同年10月, 谷歌的神经机器翻译系统(GNMT)问世, 引起了业内的极大关注。那么问题来了, 机器翻译会取代人工翻译吗? 如果能, 还需要学习英语吗? 作为一名英语教育工作者, 我们乐观地看待这样的科技进步: 人工智能与机器翻译在某种程度上提高了外语教育的效能, 是改善外语教育的方式与途径。机器翻译一定会淘汰低端译员, 但却不能解决所有的翻译问题。比如, 蕴含在中国文史典籍中的精妙与美感, 只有优秀的翻译家才能够发掘出来, 而再好的机器翻译系统对此都将无能为力。

第三, 英语专业培养的单一性。体现在两个方面: 其一, 过去的英语教育片面强调语言技能的培养, 采用的是以语言为中心的教学法, 课程设置结构单一, 人才培养专业基础不厚。这种模式培养出来的学生, 语言技能和交际能力可能不错, 但是运用英语解决实际问题的能力相对欠缺。其二, 过于注重英语教育的专业性, 课程设置的开放程度不高, 人才培养口径过窄。尽管也要求英语专业学生跨学科跨领域选修、辅修其他专业课程, 但是由于对其他专业领域涉猎不深, 实际效果并不理想。我们希望, 英语专业培养出来的学生, 不仅专业基础扎实, 精通听、说、读、写、译等语言技能, 而且培养口径宽阔,熟悉其他相关专业领域知识，具有较好的思维能力、跨文化能力和人文科技素养。

第四，走向世界的需要。新时代是"我国日益走近世界舞台中央、不断为人类作出更大贡献的时代"。中国共产党始终把为人类作出新的更大的贡献作为自己的使命。作为负责任大国，我们正在为全球治理提供更多的中国智慧和中国方案。由于文明多样性的存在，文明交流、文明互鉴、文明共存亟须全球知识的供给，这是新时代赋予英语教育工作者的神圣职责。在这个意义上讲，我国英语教育将大有可为，也必须要有大作为。

3.我国英语教育的新使命

当今世界正处于大发展大变革大调整时期，习近平总书记直面"人类向何处去"的时代之问，把握世界大势，提出了构建人类命运共同体的倡议，并将其写入党的十九大报告。不久前，习近平总书记发表了题为《携手建设更加美好的世界》的重要讲话。讲话闪烁着新时代马克思主义理论的光辉，展现着人类新型文明观。在今后很长一段时期，英语教育工作者应为促进中外平等沟通与合作，开展文明交流与对话，推动构建人类命运共同体而努力，为促进社会主义文化建设、为中华民族的伟大复兴作出应有的贡献。

第一，始终坚持人文教育的价值取向。笔者在《全人教育与个性学习——英语专业〈国标〉课程体系的研制与思考》一文中曾提出，人文教育与单一的职业或技能教育不同，是不针对任何功利性或实用性目的的教育。[1]约翰·亨利·纽曼（John Henry Newman）曾指出："人文教育的训练并不是为了特定的或偶然的实用主义目的，也不是为了具体行为或职业目的，或者学业或科研目的，而是为了人文教育本身，为了接受人文教育而进入大学，为的就是人文教育这一理念。"[2]英语教育要坚持人文教育的价值取向，包含两层意思：其一，英语教育本质上是人文教育。人文教育旨在培育人类的信仰、情感、道德和美感，是一种全面发展的教育。英语教育不能只顾技能层面的东西，而忽视其人文学科的本质内涵，否则必然造成道不足而器有余的失衡状态，影响完全的人之培养。其二，现代大学的使命是"培养良好的社会公民"并以此促进社会的和谐发展。英语教育作为大学教育的重要组成部分，不仅要致力于人类的相互沟通，尤其要培养宏正达通之士，培育品学才识健全之士风。吴宓先生在1926年代理清华外文系主任时提出，英语教育要把培养博雅的文化人作为目标，使学生"成为博雅之士；了解西洋文明之精神；熟读西方文学之名著，谙悉西方思想之潮流，因而在国内教授英、德、法各国语言文字及文学，足以胜任愉快；创造今世之中国文学；汇通东西之精神思想，

1　蒋洪新，简功友．全人教育与个性学习——英语专业〈国标〉课程体系的研制与思考 [J]．外语教学与研究，2017：871-879.

2　Newman, J. *The Idea of a University* [M]. London: Longman, 1907: 152.

而互为介绍传布"。[1]吴宓先生的英语教育思想，对于办好新时代英语教育仍有重要指导意义。

第二，重新审视复合型的人才培养目标。过去认为，"从根本上讲，外语是一种技能，一种载体；只有当外语与某一被载体相结合，才能形成专业"。[2]在这个观点影响下，我国英语教育开始了培养复合型人才的探索。新时代，外语能力与诸多经济发展关键指标的强关联日益凸显，复合型外语人才的培养愈发离不开学科交叉和知识融通。外语教育要旗帜鲜明地遵循立德树人的基本指针，主动对接国家战略，突出"外语+外语""外语+专业"的培养理念，推进思政教育和专业教育相融合，聚焦学生的跨学科、跨文化知识建构。同时，鼓励和提倡各高校对照《普通高等学校本科专业类教学质量国家标准（外国语言文学类）》，依据自身办学特色、地方经济社会发展需求做好"自选动作"，制定富有差异化、特色化的外语教学校本大纲，通过主辅修、双学位、合作办学、海外访学、经典阅读、行业实践等途径，帮助学生从掌握语言技能向涵养文化内涵上转变。

第三，推进"一条龙"英语教育模式创新。20世纪60年代初，周恩来总理在一次小范围的外语教育工作研

---

1 陈建中，蔡恒，吴宓的"博雅之士"：清华外文系的教育范式 [J]. 社会科学战线，1997（1）：255-263.（原载《清华周刊·文学院外国语文系学程一览》，民国二十五年至二十六年度），第315页。

2 何其莘，殷桐生，黄源深，刘海平. 关于外语专业本科教育改革的若干意见 [J]. 外语教学与研究，1999（1）：24-28.

讨论会上提出改革我国外语教育的九字方针："多语种、高质量、一条龙"。所谓"一条龙"模式，是指"大中小学生按照连贯一致的教学要求进行外语学习，各个学习阶段之间衔接自然、联系紧密，改变既有重复又有脱节的状态，形成一个科学的、系列的、连续不断的教育活动整体"。[1]改革开放以来，学界对"一条龙"式的英语教育模式的研究取得了重要进展。比如，清华大学范文芳教授[2]主持了"清华大学大中小学英语教学一条龙服务"实验项目，上海外国语大学戴炜栋教授[3]主持了"全国大中小学外语教学'一条龙'研究"，全国基础外语教育研究中心也将"'一条龙'外语教学体系的构建与研究"列为2008—2009年度课题指南的重点项目。[4]这些研究集中讨论了英语教育如何实现从小学到大学的有效衔接。专家们认为，开展"一条龙"英语教学的探索与实践以来，我国基础教育阶段的英语教材更加鲜活、有趣，教学方法也较以往更加灵活，教师们更注重培养学生的综合语用能力，特别是北京、上海和广东等发达地区以及大中城市的基础英语教育质量得到了显著提高。对于大学来说，一个重要使命就是为英语基础教育提供充分的师资

1　李建华、刘海英、崔志云. 外语教育"一条龙"模式的历史、现状与未来 [J]. 北华大学学报（社会科学版），2011（1）：25-27.

2　范文芳. 大、中、小学英语教学的"一条龙"规划 [J]. 外语教学与研究，2000（6）：442-444.

3　戴炜栋. 构建具有中国特色的英语教学"一条龙"体系 [J]. 外语教学与研究，2001（5）：322-327.

4　李建华、刘海英、崔志云. 外语教育"一条龙"模式的历史、现状与未来 [J]. 北华大学学报（社会科学版），2011（1）：25-27.

保障。为此，我们希望国家能够加大对英语师范教育的投入，依托师范院校实施在职中、小学英语教师培训工程，全面提高基础英语教育师资水平，从而促进英语教育的良性发展。

第四，深化以课程为核心的英语教学改革。文化是一个民族真正的灵魂，民族文化又必然顽强地存在于课程之中。课程在学校履行教育职能和培养学生核心素养过程中发挥着牵一发而动全身的作用。发挥课程在人才培养中的核心作用，就要努力让课程体系变得更加健全完善。近年来，我们在研制《普通高等学校本科外国语言文学类专业教学指南（上）——英语类专业教学指南》时，对如何设置课程体系提出了两个原则：一是目标导向原则。要求在英语教育中合理安排各类课程，既要开设基本技能课程（听、说、读、写、译）和专业知识课程（文学、语言学、文化等），又要特别重视开设学习方法、研究方法类课程，注重培养学生的学习和思维能力。二是内容驱动原则。要求将课程关注的焦点由语言技能转移到文化内涵上来，不是为了语言而教语言，而要通过语言习得其文化内涵。[1]正如许国璋先生[2]所说："英语教育是用英语来学习文化，认识世界，培养心智，而不是英语

---

1 蒋洪新，简功友．全文教育与个性学习——英语专业〈国标〉课程体系的研制与思考 [J]．外语教学与研究，2017：871-879．

2 许国璋．通过文化学习语言 [A]．载《英语学习》编辑部（编）．英语的门槛有多高 [C]．北京：外语教学与研究出版社，2002：3-4．

教学。"王佐良先生[1]也说："通过文化来学习语言，语言也会学得更好。"两位先生的观点与我们倡导的原则是一致的。贯彻好这两个原则，需要教学手段和方法的创新，注重现代教育信息技术的应用，更多地进行启发式教学，从而增强学生英语学习的兴趣和自觉，并从中汲取智慧和精神力量。

4. 结语

总的来说，新时代人类命运共同体的构建为我国英语教育发展提供了新机遇，提出了新要求。推进我国英语教育发展，必须遵循英语教育的内在规律，回归人文教育的本质，彰显新时代的理念，在保持英语语言专业教育的同时，积极顺应经济社会发展和构建人类命运共同体对英语人才的新需求。通过语言与文化的教育，我们不仅要促进人的自由全面和谐发展，还要促进中国文化和中华文明兼收并蓄、吐故纳新和对外传播。

（本文根据发表于《外语教学》2018年第2期的文章《关于新时代英语教育的几点思考》修改而成）

1　王佐良.《风格与风格的背后》序 [A].
王佐良.王佐良全集（第10卷）[M]. 北京：外语教学与研究出版社，2016：271-272.

新时代外语专业复合型人才培养的思考

改革开放40年来，我国外语教育持续升温，飞速发展，成就巨大，为我国对外交流、与国际接轨、提升国际竞争力与综合国力作出了巨大贡献。

1989年，曹光久教授有感于"在国际交往中，不少时候我们需要几个工作人员担负别的一些国家一个工作人员担负的工作……这种'几对一'的状况，给我们的对外活动造成许多困难"之状况，提出外语院校应该致力于"培养出一身兼几任的复合型人才"。[1]由此，探索培养外语专业复合型人才的话题成为外语教育界普遍、持续关注的焦点。通过这些年的不断探索，我国外语界大致形成了如下两种外语复合型人才培养模式：

其一，专业复合式。2000年4月教育部颁布的《高等学校英语专业英语教学大纲》提出，高校英语专业应"培养具有扎实的英语语言基础和广博的文化知识并能熟练运用英语在外事、教育、经贸、文化、科技、军事等部门从事翻译、教学、管理、研究等工作的复合型人才"[2]。对于这个培养目标，从"扎实的英语语言基础"和"广博的文

1 曹光久.关于外语院校培养复合型人才的思考 [J].四川外语学院学报（高等教育研究专版）,1989（2）：48-52.

2 高等学校外语专业教学指导委员会英语组.高等学校英语专业英语教学大纲 [M].北京：外语教学与研究出版社, 2000.

化知识"看，培养外语人才的方向是"外语+专业知识"或"外语+专业方向"。我将这种模式称为"专业复合式"模式，主要是以外语为基础，从事其他专业教学，培养懂外语的专门人才；或者把外语主要作为信息交流的媒介乃至工作，从事各类专业的口译、笔译。比如，在加强外语基本功的同时，为学生提供用中文或外文开设的经贸、外交或其他专业知识课，如外交、经贸、法律、新闻等，培养专业复合型人才。这种主张在北京外国语大学和上海外国语大学进行了试点实验，并取得了初步成功。

其二，语言复合式。鉴于英语是一门国际性通用语言，单纯掌握一门外语尤其是英语的"单语种"人才已经不再是市场的"宠儿"，而掌握两门甚至多门外语的"复语型"外语人才正成为用人单位的"新贵"。以"一带一路"为例，"一带一路"涉及亚、欧、非三大洲，沿线65个国家涉及的国语或国家通用语达53种，民族或部族语言不下200种。[1] "外语+外语"，即"复语型"的复合人才培养，主要指所培养的人才除母语之外，能够比较熟练地掌握两种以上的外语，具有多外语交流能力。与单一性语言类人才不同的是，此类人才各种语言能力均衡发展，相关国际知识丰富，能够适应经济全球化对外语人才的需求。这也就是曹光久教授谈到的模式。在国际化背景下，语言复合式外语人才培养显得特别重要。王雪梅、

1 王辉，王亚蓝."一带一路"沿线国家语言状况 [J].语言战略研究，2016（2）：13-19.

徐璐[1]在《国际化复语型人才的内涵与培养模式探索》一文中，将这类复合型外语人才分为学术型、专业型、职业型三种类型，并提出了"3M+3C+3I"的立体化人才培养模式。其中3M即"内容跨学科、课程模块化、信息多维度"，3C即培养过程注重"建构、合作、交流"，3I即教学管理和评估"互动、公正、国际化"。我国开展"复语型"外语人才培养的学校已有不少，如大连外国语大学、天津外国语大学、上海外国语大学等，都取得了较好的效果。在"一带一路"建设过程中，这类复语型外语人才已经变得炙手可热。

以上两种"复合型"人才都是实际工作中需要的。尽管我国外语复合型人才的培养数量在高等教育中不断增加，很多高校努力拓宽专业领域，实现经济管理专业与外语专业之间的复合、交融与渗透，从而优化人才培养模式，但是从更广泛的普通性外语教学实际来看，我国外语专业复合型人才的培养仍然存在一些不足，体现在三个方面：

一是重技能轻素质。长期以来，我国外语专业教学的主导模式已经造成"教学内容脱离真实的语言环境和实际意义，缺乏足够的语言输入，在教学过程中偏重语言知识的传授，忽视语言技能的培养，使学生运用语言的

1 王雪梅，徐璐.国际化复语型人才的内涵与培养模式探索 [J].外语与外语教学，2011（1）：9-12.

能力受到限制"。¹这样做的后果是，教师只是一味地注重知识技能的灌输，而不是文化与价值观的引导；学生也只是将外语看成一种应付考试的科目而已，语言运用能力较弱。

二是重专业轻通识。过于注重外语教育的专业性，课程设置的开放程度不高，人才培养口径过窄。我们希望，外语专业培养出来的学生，不仅专业基础扎实，精通听、说、读、写、译等语言技能，而且培养口径宽阔，最好是能够通过跨学科选修、辅修其他专业或者双学位课程，熟悉其他专业领域知识，具有较好的思维能力、跨文化交际能力和人文科技素养。

三是重应用轻文化。过去的外语教育强调语言应用技能的培养，采用的是以语言为中心的教学法，课程设置结构单一，人才培养专业基础不牢固，尤其是对学生跨文化交际能力和思辨能力培养不够。学生的语言技能和交际能力可能不错，但是运用英语解决实际问题的能力和跨文化能力相对欠缺，缺乏文化与文明的渗透。

为了培养综合素质高、跨文化沟通能力强、外语基本功扎实、外国语言文学专业知识丰厚、了解相关专业知识、具有国际视野、能够服务国家建设和构建人类命运共同体的新时代外语复合型人才，我们可以从以下几个方面着手：

1　马树芳.英语专业教学模式的创新研究与实践探索[J].长春理工大学学报，2009（6）：164-165.

第一，回归人文教育的学科本位。人文教育是对物质功利的超越，是对人文精神的追求，不为获取功利所驱使，也不为满足私利而受侵蚀。外语教育的原点是人文教育，是一种全面发展的教育。面对国家战略和经济社会发展对外语人才的全新定位，以及新兴科技变革对外语教育的直接影响，外语教育应当在扎实开展语言教育的基础上，回归人文教育的本位，不仅要让学生具备笃实的学问、养成独立的思维，更要帮助他们陶冶人格、健全品行，教导他们主动承担起人类进步应尽的责任与义务，进而推动社会的可持续进步。

第二，丰富复合型人才的基本内涵。跨学科研究和教育准备是未来竞争力的核心，因为知识创造和创新经常发生在学科的边界。随着经济全球化趋势的进一步扩大，从"一带一路"倡议和中国文化走出去战略的实施，到构建人类命运共同体主张的提出，新时代对外语人才的需求已发生了本质变化。提高人才培养质量、满足多元人才培养需求已成为现代化建设的迫切要求。从高等教育内部来看，学科专业的综合化趋势也越来越明显，学科专业的自身发展也呼吁打破壁垒，走多学科协同发展之路。大学教育一方面要使受教育者拥有一定的专业知识，成为一个或几个学科领域的专家，另一方面还要使其能够突破学科边界去思考，具有跨学科意识、批判性思维、文化素养和自由人格。英国著名哲学家怀特海在谈到教育目的时曾说过，要将学生的专业知识与文化素养化为一体，"他们的专业知识为其提供人生起航的基础，他们的文化素养将引领其走向哲学的深度和艺术的高度"。[1]培养更高质量的复合型人才，不能把外语仅仅作为一种技能与载体，而要在夯实外语语言教学的基础之上，强化外语教学作为文化教学和跨文化教学的学科意识，引进文化和跨文化外语教学新视角，重视外语语言文化知识的传授，促进高校外语专业教育的文化转向。为此，大学及其外国语学院要坚定地走以质量提升为核心的内涵式发展道路，依据其办学历史、办学条件和师资队伍情况，按照因校制宜、突出特色的原则，进一步健全完善新的复合型外语人才培养体系。

第三，深化外语教学的综合改革。文化是一个民族真正的灵魂，民族文化又必然顽强地存在于课程之中。课程在学校履行教育职能和培养学生核心素养过程中

1　Alfred North Whitehead. *The Aims of Education and Other Essays* [M]. New York: The Free Press, 1929: 1.

左图
湖南师范大学
逸夫图书馆

发挥着牵一发而动全身的作用。发挥课程在复合型人才培养中的核心作用，就要努力让课程体系变得更加健全完善。2018年1月，教育部颁布了《普通高等学校本科专业类教学质量国家标准（外国语言文学类）》，对如何设置课程体系提出了两个原则：一是目标导向原则。要求在外国语言文学教育中合理安排各类课程，既要开设基本技能课程（听、说、读、写、译）和专业知识课程（文学、语言学、文化等），又要特别重视开设学习方法、研究方法类课程，注重培养学生的学习和思维能力。课程要注重提高学生的文化移情能力，突出"态度"方面的习得。教师要从理论和实践方面提高学生的跨文化交际意识，培养他们的跨文化交际能力，使其具备国际视野，使学科知识与英语的融合能够发展他们在专业领域进行国际交流的能力，培养学生在跨文化交际中做到随机应变、有理有度、恰如其分。二是内容驱动原则。要求将课程关注的焦点由语言技能转移到文化内涵上来，不是为了语言而教语言，而要通过语言习得其文化内涵。外语类专业学生应掌握外国语言知识、外国文学知识、区域与国别知识，熟悉中国语言文化知识，了解相关专业知识，以及人文社会科学与自然科学基础知识，形成跨学科知识结构，体现专业特色。在课程体系设置上，要充分体现课程的复合性，既要有基础技能模块，又要有相关知识模块，还要有综合素养模块。这样不仅能够为培养交际技能打下基础，也能突出以言语信息为载体的知识学习，为智慧技能与认知策略的习得打下基础，还能够通过综合模块的融合，进一步提高人文素养和跨文化交流的能力，从而引导学生开阔人生视野，拓宽心智空间，陶冶人文精神，有意识地提高多种思维能力、独立性、能动性、创新性和团队合作精神。

总的来说，新时代不仅对外语复合型人才的专业水平有较高要求，而且对其以跨文化交际为核心的综合素质有更高标准。外语复合型人才培养不仅涉及语言能力和专业素质，更要注重培养思维能力、创新能力、分析问题和独立提出见解的能力等。也就是说，新时代外语复合型人才的培养必须努力把语言、知识和文化三位一体的功能糅合在一起，让这些人具备远大的理想抱负、深厚的专业功底、丰富的思想内涵、较高的人文素养并有长期的知识积累。正如潘光旦[1]所说："教育的理想是在发展整个的人格。"这就是外语复合型人才为之努力的方向。

（本文根据发表于《中国外语》2019年第1期的
同题文章修改而成）

1　潘光旦．潘光旦选集 [M]．北京：光明日
报出版社．1999：459.

新时代外语教育改革的几点构想

一、新时代，新发展

习近平总书记在庆祝改革开放40周年大会上强调："改革开放是决定当代中国命运的关键一招，也是决定实现'两个一百年'奋斗目标、实现中华民族伟大复兴的关键一招。"尽管改革开放的征途困难重重，但是"我们解放思想、实事求是，大胆地试、勇敢地改，干出了一片新天地"。我国综合国力显著增强，国际影响力不断拓展，人民生活幸福指数不断提升。这些辉煌成就的取得，也有外语界的一份贡献，凝聚了外语教育专家和学者的心血与智慧。

改革开放初期，外语界同仁积极响应国家召唤，致力于培养应用型外语人才，尤其重视翻译人才培养，以服务于国家社会经济发展。比如，外交翻译工作者在中外领导人会晤、外交谈判等外交领域奉献智慧和辛劳，科技翻译工作者推动了我国科教兴国战略实施和科技现代化进程。邓小平同志南巡讲话之后，外语界同仁在强化学科专业特色建设的同时，积极开展"外语+经贸""外语+法律""外语+旅游""外语+新闻"等复合型外语人才培养。进入新时代，外语界同仁又以服务国家"一带一路"倡议和构建人类命运共同体为旨归，积极调整人才培养方向，致力于探索新型复合型人才培养路径，注重学生跨文化交际能力、全球胜任力培养和跨学科、跨专业知识学习。简言之，生机勃勃的外语教育事业作为推动改革开放的先导力量，为社会主义现代化建设发挥了重要作用，作出了卓越贡献。

改革开放40年也成就了我国外语教育事业的繁荣发展。从外语语种来看，1966年全国仅设41个外语语种，而2019年开设语种最多的北京外国语大学已设101个语种。从专业设置来看，原有的英语专业扩展为英语类专业，包括英语、商务英语和翻译专业，外语类专业更为齐全。从外语学科学位点来看，自1981年国务院批准5个英语语言文学博士点和23个英语语言文学硕士点以来，本科生、硕士生、博士生培养的规模和质量不断提升，外国语言文学一级学科博士点已经达到49个，北京大学、北京外国语大学、上海外国语大学、南京大学、延边大学（自定）、湖南师范大学（自定）的外国语言文学学科于2017年进入国家"世界一流学科"建设行列。从社会服务来看，外语专业为国家输送了大批高素质人才，有力促

左图
依山傍水的
湖南师范大学

进了国家外交、外贸、经济、文化等的发展。[1]人工智能与机器翻译的介入，国际化程度的提高，全民外语水平的提高尤其大量留学生的回国，这些对外语教育都提出新的挑战。

二、新时代，新机遇

在新时代实施"一带一路"倡议和构建人类命运共同体的大背景下，我国外语教育在满足国家战略发展需求，推进"双一流"学科建设，优化外语专业人才培养模式等方面，面临诸多机遇与挑战。[2]

多媒体与机器翻译介入。2016年，百度公司的机器翻译项目获得国家科学技术进步二等奖，谷歌的神经机器翻译系统（GNMT）问世。这些现象引起了外语界极大的关注。如果外语教学只是强调语言能力，那智能机器翻译将有可能会取代人工翻译。然而，只要外语教育不仅仅是语言技能的培养，而且是文化多样性的交流和"唤起"（call），它就是必要且无可替代的。机器翻译会淘汰低端译员，却不能解决所有的翻译问题。比如，对于中国文史典籍中蕴含的哲理与美感，只有优秀的翻译家才能忠实呈现，而机器翻译系统再先进也无能为力。

---

1 戴炜栋. 高校外语专业教育 40 年：回顾与展望 [J]. 当代外语研究，2018（4）：3-4.

2 蒋洪新. 关于新时代英语教育的几点思考 [J]. 外语教学，2018（2）：49-51, 67.

因此，在提高全社会的跨语际、跨文化能力方面，外语教育仍大有可为。

外语专业人才培养的单一性。我国大学外语专业的准入机制不健全，开办外语专业的大学很多，外语专业同质化现象严重。这主要体现在两个方面：其一，教学片面强调语言技能训练，采用以语言为中心的教学法（language-centered methods），课程设置结构单一，人才培养的专业基础不厚，运用外语解决实际问题的能力培养相对欠缺。其二，人才培养口径过窄，课程设置的开放程度不高。外语专业学生虽然可以跨学科跨专业选修、辅修其他专业课程，但对其他专业领域涉猎不深，课程学习的实际效果并不理想。外语专业毕业生应该专业基础扎实，听说读写译等语言技能熟练，而且人才口径宽阔，熟悉其他相关专业领域知识，具有较好的思维能力、跨文化能力和人文科学素养。

《国家中长期教育改革和发展规划纲要（2010—2020年）》明确要求"培养大批具有国际视野、通晓国际规则、能够参与国际事务和国际竞争的国际化人才"。外语教育的原点是人的教育。面向构建人类命运共同体的外语教育旨在培养具有中国情怀、国际视野和跨文化沟通能力的人。在素质方面，外语专业学生应该树立正确的世界观、人生观和价值观，具备良好的道德品质和崇高的社会责任感，具有开阔的国际视野和热切的中国情怀，养成深厚的人文科学素养、敏锐的开拓创新意识和诚挚的团队合作精神；在能力方面，外语专业学生应该具有扎实的外语听说读写译技能和良好的外语综合运用能力，具有体悟不同国家与民族文化的能力和开展跨文化交流的能力；在知识方面，外语专业学生不仅应该系统掌握语言知识，还要了解一定的哲学、艺术、文化知识，以及经济社会发展各领域的专门知识。在构建人类命运共同体的新时代，我国外语教育应致力于培养高规格、高质量的复合型外语人才。

三、新时代，新作为

党的十九大报告明确提出，要加快一流大学和一流学科建设，实现高等教育内涵式发展。[1]2018年3月，153所高校在上海外国语大学共同成立"中国高校外语学科发展联盟"。同年6月，150所高校在四川大学联合发出《一流本科教育宣言（成都宣言）》。同年12月，2018—2022年教育部高等学校外国语言文学类专业教学指导委员会成立大会暨新时代外语类本科专业振兴发展研讨会在北京外国语大学举行。为了促进协同创新、交流合作，打造具有中国特色、世界一流的外语学科，我们建议各高校外语教育在接下来的一段时期内，进一步强化"以本为本"，加强学科专业内涵建设，实现高质量发展。

1　习近平. 决胜全面建成小康社会夺取新时代中国特色社会主义伟大胜利——在中国共产党第十九次全国代表大会上的报告 [M]. 北京：人民出版社，2017：46.

1. 以习近平新时代中国特色社会主义思想为指导

在2018年全国教育大会上，习近平总书记对新时代教育工作进行了全面、系统的阐述和部署，深刻回答了"培养什么人、怎样培养人、为谁培养人"等一系列根本性问题。我们外语界要深入学习贯彻习近平总书记关于教育的重要论述和全国教育大会精神，聚焦立德树人这一根本使命，抓住振兴本科教育这一核心，将国家关于新时代人才培养工作的要求落实至具体教学实践，推动教学体系和知识体系革新发展，培养德智体美劳全面发展的社会主义建设者和接班人，为"一带一路"倡议实施和构建人类命运共同体实践作出新的更大的贡献。

2. 全面总结外语教育改革40年的经验

我们要积极正视新时代外语教育面临的机遇与挑战，一方面鼓励广大学者加快步伐迈入学术研究的国际前沿，在国际学界发出中国声音；另一方面坚持扎根于中国外语教学研究实践，全面回顾改革开放40年来外语教育取得的成就，组织专家团队围绕外语类专业本科教学过程中的重大问题、关键问题和热点问题进行广泛调研和深入思考，客观分析当前外语教育的实际困难，并提出具有针对性和可行性的解决方案。我们尤其要对接国家战略发展需求，在做好外国语言、外国文学、翻译、比较文学与跨文化研究的同时，开展国别与区域研究，为社会经济发展提供决策咨询。

3. 不断深化外语人才培养模式改革

新时代对外语人才的需求已经发生根本变化，提高人才培养质量、满足多元人才需求成为现代化建设的迫切要求。我们不能把外语仅仅看成是一种技能与载体，而要在夯实外语语言技能培养的基础之上，强化外语教学作为文化教学和跨文化教学的学科意识，引进文化和跨文化外语教学新视角，重视外语语言文化知识的传授，促进外语专业教育的文化转向。新一届教育部高等学校外国语言文学类专业教学指导委员会及其英语专业教学指导分委员会，作为全国外语教育领域的权威专家组织，将充分发挥参谋部、咨询团、指导组、推动队的作用，组织专家力量围绕《普通高等学校本科专业类教学质量国家标准（外国语言文学类）》展开精神宣传、内涵解读和专题培训，并尽快研制颁布英语、商务英语和翻译专业教学指南，引导各高校对接国家和社会发展需求，结合自身办学定位和实际，注重办学传统弘扬、学术底蕴积淀、区位优势发挥，制定相应的外语教育发展规划，构建特色鲜明的外语人才培养体系。

4. 大力推进外语本科专业内涵建设

课程建设是育人之根基。我们要坚持以"四个回归"，即"回归常识、回归本分、回归初心、回归梦想"为指导，抓住实施一流课程建设"双万计划"的机遇，"打造金课、淘汰水课"，不断强化外语专业内涵意识，推进课程改革与国家、地方经济社会发展的需求接轨。

加强核心课程建设。(1)课程设置不仅要体现课程的复合性，还要有综合素养模块，促进外语专业学生核心素养提升、双语知识建构与跨文化交际能力养成。(2)推广经典阅读课程。各校要结合实际，根据对学生学习时间和阅读速度的调查结果，确定进阶书目、必读书目和选读书目，通过经典阅读加强人文素质培育。(3)注重分类指导。各地区高校要因地制宜，有针对性地提出学生知识学习和能力发展的侧重点，在教学中融入具有校本特色的内容。比如，外语类院校应强调培养学生的外语专业能力和国际事务参与能力，理工类院校可增加"应用性、复合型"培养目标，师范类院校须对学生教育教学能力提出明确要求，财经类院校要培养学生"从事涉外财经相关工作"的能力。(4)创新教学方法。人工智能与信息技术发展为外语教育教学改革提供了更为有利的条件。我们一方面要打造智慧教室、智慧校园等，另一方面要开发各类智能英语学习APP，整合教学资源，运用优质在线学习平台，实现对教育教学全过程的质量监控。我们要应用"互联网+"技术，打造跨区域的教师教育发展和师生交流平台，积极促进东部优质资源向中西部流动，提升师资队伍的整体实力。(5)提高国际化水平。全球化发展趋势对教师和学生的国际化培养提出更高要求，外语教育更要推行国际化理念，多维拓展师生的国际视野。

王国维先生[1]曾说："居今日之世，讲今日之学，未有西学不兴，而中学能兴者；亦未有中学不兴，而西学能兴者。"我国外语教育改革发展要坚持以习近平新时代中国特色社会主义思想为指导，全面总结我国外语教育改革的经验，创新外语人才培养模式，推进外语本科专业内涵建设，从而为我国"一带一路"倡议实施、构建人类命运共同体实践和社会经济发展培养更多、更高质量的外语复合型人才。

（本文根据发表于《外语界》2019年第1期的
同题文章修改而成）

1 王国维. 国学丛刊序 [A]. 胡道静. 国学大师论国学（上）[C]. 上海：东方出版中心，1998. 41-44.

人工智能时代的外语教育改革

　　1980年，未来学家托夫勒（Alvin Toffler）出版《第三次浪潮》，预言了信息化时代的到来。这才过去30多年，人类就迈过信息化而进入了人工智能时代。查尔斯·狄更斯（Charles Dickens）在《双城记》里写道："这是一个最好的时代，也是一个最坏的时代；这是一个智慧的年代，也是一个愚蠢的年代。"有人感叹，人工智能"翻译官"上岗，翻译是不是要丢饭碗了，外语专业学生该怎么办，外语教育又将何去何从？这些疑问充分说明，外语教育正面临着重大的发展机遇与挑战。

一、人工智能深刻改革社会

1. 何谓人工智能

　　智能，是智力和能力的总称，在心理学上表述为人的智慧和行动能力。从生物学意义上讲，人从动物中分离出来的主要标志是人有了智能。"智人"是人类的起点。这是人类自身的第一次革命，它是自然产生的；而人工智能将在人的智能上引发第二次革命，这一次则是人为发展产生的。[1]

　　1947年，英国数学家图灵（Alan Mathison

1　杜占元. 人工智能与未来教育变革 [J]. 中国国情国力. 2018（1）: 6-8.

Turing）在一份递交英国国家物理实验室的报告中写道："机器翻译"可以显示计算机的"智能"。语言翻译是人类智能的一种体现，只要计算机能做出语言翻译，就可以说明计算机具备模拟人类智能的能力。1954年，美国科学家使用计算机首次将俄语翻译成英语，它用事实证明：计算机模拟人的智能是可能的。两年后，麦卡锡（John McCarthy）等10位年轻科学家在美国达特茅斯大学举行学术讨论会，深入探讨用机器模拟人类智能的问题。也正是在这次会议上，麦卡锡首次提出了"人工智能"这个术语。[1]

人们早期发明机器，是为了用机器来替代人的体力，到了人工智能时代，更多希望用机器来替代人的智力。经过60多年的发展，在移动互联网、大数据、超级计算、传感器、脑科学等新的理论和技术以及社会经济发展强烈需求的共同推动下，人工智能得到迅速发展，呈现出深度学习、跨学科融合、自主操控等特征，从而促进了社会各个领域的智能化。2016年，在围棋对弈中，人工智能阿尔法狗（AlphaGo）拿下两局，赢了围棋世界冠军、韩国职业九段棋手李世石。这成为公众意义上的人工智能元年。

2. 是福祉，还是灾难

人们惊呼，人工智能一夜之间成了时代宠儿。乐观

1　蔡自兴. 中国人工智能 40 年 [J]. 科技导报，2016（15）：13-32.

主义者积极倡导推动机器人的更广泛的使用。云迹科技公司CEO支涛表示，未来人类只需要两种机器人，一种机器人是做人类做不了的事，另一类是做人类不愿意做的事，这样人类就可以从中解放出来做更多自主的工作。[1]

与此同时，人工智能威胁论、人类失业危机等负面舆论也紧随而来。悲观主义者担忧，拥有巨大人工智能力量和数据的公司可能用数据来作恶。怎么办呢？如果未来5—10年50%的工作岗位将被人工智能所取代，普通劳动者又该怎么办呢？

那么，人工智能到底是人类的福音还是灾难？这需要我们去观察、去研究、去判断。人工智能不是洪水猛兽，不能因为人工智能给人类生活带来了冲击和压力，就恐惧和拒绝人工智能的发展与应用。当前人工智能面临的问题仍是发展中的问题，"不能把脏水和孩子一起倒掉"。人们要树立人工智能与人类智能良性促进的观念，用发展的办法来解决人工智能可能带来的复杂问题。

其实，纵观人类社会的发展，每一次科学技术上的重大突破及其应用，都会引起人类社会的深刻变革。可以说，当下一场由人工智能引发的变革正在全面深刻地影响着人们的生产与生活。

1 支涛. 机器人是敌是友取决于设计者的内心 [EB/OL]. 网易智能, http://tech.163.com/17/0430/16/CJ9JTA9S00098GJ5.html. 2017-4-30.

3. 引领人工智能向善发展

作为一项新兴技术，人工智能一方面肩负着技术革新的使命，不仅要制造出更智能的机器人，还要有助于促进人类智能的自我认识和自我发展；不仅要帮助人类更好地认识和保护地球，还要不断增强人类认知宇宙的能力。另一方面，人类创造机器人，绝不是用机器人取代人类，人工智能也绝不能与人类智能为敌。人类应当要有足够的智慧控制人工智能技术任何被滥用的可能。

然而，目前人工智能研究确实出现了一些不良倾向。一种是技术方面的，即把机器人的外形造得越来越接近于真人，甚至制造出了"性爱机器人"；另一种是社会方面的，如急于给某台机器人以居住权、公民身份等，甚至很快还会有人考虑和机器人结婚。上述两种不良倾向均不属于正常的人工智能运用，应对其加以校正和纠偏，要出台相应的政策、法律和伦理规约，以推动人工智能沿着正确的轨道发展。

众所周知，日本的人工智能技术发展很快。有数据预测，到2050年，日本将有300万台产业机器人24小时工作，这就相当于增加了900万劳动人口，而支付给每台机器人的"月薪"仅为1.7万日元。这是善用人工智能的一个可取的方向。现代科技是一把双刃剑，我们不能只见其长、无视其短，不能只迷恋其好的一面而不去抑制其坏的一面。人类发展人工智能，是为了满足对更加美好生活的向往。处理得当，人类智能与人工智能可以相互促进、和谐发展；处理不当，则可能引发人类与机器人的对立，导致人类内部的贫富两极分化和发展不平衡，使人的人格自我分裂和对抗。人工智能既是一个技术问题，更是一个社会问题，它带来的社会影响也是全方位的，需要从科学、法律、哲学、伦理、教育等各个方面去深入系统研究，以期在全社会普遍确立科学的人工智能观念。

人工智能哲学家奥托·诺伊迈尔（Otto Neumaier）在《一个关于人工智能的维特根斯坦式观点》一文中提出："唯当我们的生活方式发生了根本的改变，人工智能的各项目标才会实现。"霍金也提出："强大的人工智能的崛起，要么是人类历史上最好的事，要么是最糟的。虽然是好是坏我们仍不确定。但应竭尽所能，确保其未来发展对我们有利。"

二、人工智能时代外语教育面临的机遇与挑战

信息技术的发展和应用，改变了人类的生产、生活乃至思维和学习方式。而人工智能的迅速发展，将使人类社会生活产生更为深刻甚至革命性的改变，为教育变革带来前所未有的挑战和机遇。

1. 不可回避的现实

人工智能是从制造翻译机器开始的。借助机器翻

译，不同语言环境下的人们可以无障碍地进行交流，而不用担心因为身处陌生环境而感到焦虑。更何况，经过演进升级，翻译系统从基于规则和实例，到基于语料库和统计学，再到如今以人工智能为支持的"基于深度学习的神经网络机器翻译"，机器翻译变得越来越"人性化"。

　　新的机器翻译的算法主要依靠两种神经网络架构，即循环神经网络（Recurrent Neural Networks）和卷积神经网络（Convolutional Neural Networks）。它可以综合上下文语境信息，通过时间递归或分层处理加深对句子的理解，完成句子的编码和解码，生产出更具整体性、准确率更高、逻辑性更强、语篇更流畅、阅读体验更友好的译文。[1]这使得部分外语学习者心怀憧憬：未来不再需要学习外语，不再需要进行枯燥的背单词练句型训练，不再需要因为写作与翻译而苦苦煎熬。与此同时，一些相关从业者则表示担忧："现在人工智能发展太快，Siri都可以听懂各种外语了，机器人也可以和人简单对话。我们花费大量精力学的英语，会不会在不久的将来，被翻译软件一举击败？"[2]

2. 替代低端重复的技术活

　　人工智能技术的迭代，使得机器翻译发展得越来越快，精准度也越来越高。于是有人断言，在不久的将来，

1　陈琦.人工智能"翻译官"上岗，翻译是不是要丢饭碗了？外语专业学生又该怎么办？[N].文汇报，2018-5-4.

2　夏天.人工智能翻译来了，我们还要学外语吗？[N].文汇报，2017-9-3.

机器翻译将彻底代替人工翻译。真的会这样吗?

随着人工智能技术升级,机器翻译逐渐占据精度要求不高的中低端口笔译市场已经成为不可逆的趋势。这对现有的翻译服务业形成了不小的冲击,就如同无人驾驶技术将要对职业司机构成挑战一样。不难想象,一位译员若只是掌握基本的语言技能,他的工作将无法与高质量、高效率、低成本的人工智能翻译竞争,就像在19世纪的工业革命中,英国低技能的体力劳动者无法与蒸汽机竞争一样。[1]

当然,一些职业可能会因为新技术的诞生而消亡,但也有一些岗位会因为新技术的诞生而出现。在替代低端重复的技术活的同时,机器翻译也将创造更多富有创意的想象空间。正如在工业社会失业的农民并没有被全部抛弃,而是进入各种工厂、企业和新出现的机构,数字时代也会塑造出新的职业,比如今天互联网金融、互联网教育。就机器翻译本身来说,语言学家做机器翻译的语料库,数学家把语料形式化和代码化,计算机科学家给机器翻译提供软件手段和硬件设备并进行程序设计。这个过程也说明了人工翻译存在的必要性。因为语料库不能及时更新,机器翻译将无法满足人类的翻译需求。所以说,高端翻译仍然是必不可少的。

1 陈琦.人工智能“翻译官”上岗,翻译是不是要丢饭碗了?外语专业学生又该怎么办?[N].文汇报.2018-5-4.

3. 外语教育的不可替换性

机器翻译会取代人工翻译吗？对于这个问题，有人
抛出了一个更尖锐的问题，拍照会代替绘画吗？尽管机器
翻译给人们带来了巨大便利，但我们仍然需要外语教育。
外语教育具有的不可替换性，可以从三个方面来分析：

其一，从质的方面看，外语教育不是翻译技术的教
育，而是一种价值教育、人文教育。外语教育的目标不仅
是翻译，实现语言的转化，更重要的是一种跨文化的教
育，是人文交流的一种重要形式。语言不只是词汇和语法
堆积起来的代码，而是贵在情感、价值和态度的理解与
尊重。语言差异意味着文化差异，有着不同文化背景的人
进行交流，需要共同的文化知识作为依托。从这个意义上
说，翻译不仅是一门技术，还是具有"人文性"的技艺。
外语教育要重视"人文性"，而"人文性"正是人类智能的
核心竞争力。机器是人的内在力量的延展，只有在坚持
外语教育是一种人文教育的基础上，机器翻译才可能朝
着正确的方向发展，并最终造福人类自身。

其二，从量的方面看，外语教育不是同质化的标准生产，而是基于多样性的文化识别。人工智能是人类智慧同社会生产力工具发展到高度自动化的结晶，作为一种工具，其本身缺乏创造力和复杂的沟通能力。这恰恰是人类的优势所在。人类语言有其自身特殊性、模糊性和创造性等特点。外语教育旨在塑造一种跨文化能力，这种能力包括人际交流、文化沟通中人性的温度、厚度与醇度，人工翻译体现的技巧、创意与智慧是人工智能难以替代的。每一种语言都是一种独特的表征模式，学习一种语言，就是在学习一种表征模式，同时也就拥有了一种思维结构。而且，不同的语言还有不同的语义结构、文体风格、人际意义等，机器翻译是不可能把语言中蕴含的情感、意境、文化等维度理解表达到位的，这一欠缺在经典文学作品翻译中表现得尤为明显。[1]

其三，从尺度方面看，外语教育遵循的不是物的尺度，而是人的内在尺度。早在古希腊，普罗泰戈拉就说，人是万物的尺度。翻译是一种语言到另一种语言的转换，体现了科学性和艺术性的有机统一。忽视翻译的科学性固然是错误的，忽视翻译的艺术性同样是错误的。我们说，只有人才能使翻译活动兼具科学性和艺术性。外语教育在跨文化能力塑造过程中充分考虑了人类文化的特殊性、情感交流的微妙性、翻译语境的差异性等，也十分注重人的心理、手势、体态、眼神、语气、语调等非语言因素在跨文化交流中的重要影响。那些替代论者，

1 陈琦. 人工智能"翻译官"上岗，翻译是不是要丢饭碗了？外语专业学生又该怎么办？[N]. 文汇报，2018-5-4.

其实不了解生命的内涵和本质，也是对人的跨文化活动
缺乏理解和尊重。

三、深化外语教育改革任重道远

时至今日，人们并没有拒绝人工智能带来的颠覆
和变革！外语教育工作者必须正视人工智能的发展，正
视人工智能对外语教育带来的挑战和变化。外语界要
做的，就是去拥抱这种变革，顺应这种变革，推进这种
变革。

右图
湖南师范大学郑燕虹教授"中外比较文学研究专题"在线课程

1. 坚持外语教育的人文学科属性

英国教育家约翰·亨利·纽曼（John Henry
Newman）指出，"人文教育的训练并不是为了特定的或
偶然的实用主义目的，也不是为了具体行为或职业目的，
或者学业或科研目的，而是为了人文教育本身，为了接受

人文教育而进入大学，为的就是人文教育这一理念。"[1]
从这个意义上讲，外语教育是一种人文教育。

在《人工智能时代更重要的人文教育到底指什么？》
一文中，美国加州圣玛丽学院徐贲教授提出，即便是70%
的职业被机器人取代，人文教育不仅不会被弱化，反而
会变得更加重要。因为人文教育能帮助我们区分人的智
能与人工智能，区分哪些是能被机器取代的人的能力，
区分人的机械劳动与想象创造，区分人的知识与智慧。[2]

这一观点为人工智能时代的外语教育提供了新思
路。外语教育中，重复机械的部分可以用机器辅助进行，
例如语法、句型的反复训练，词汇的记忆，还有应试的刷
题，格式化写作等，都是可以由机器来辅助完成的。但
是，与语言唇齿相依的文化习得与人文知识素养培育等
等，仍然有赖于传统的学习模式——大量的经典阅读、
真实的文化浸润，以及积极的哲学思辨。而这，是人工智
能所替换不了的。

2. 确定文化复合型的外语人才培养目标

在人工智能尚未代替人工翻译之前，外语教育必须
未雨绸缪，对人才培养目标体系进行重新审视和定位。

1　Newman, J. *The Idea of a University* [M].
　　London: Longman, 1907: 152.

2　夏天. 人工智能翻译来了，我们还要学
　　外语吗？[N]. 文汇报, 2017-9-3.

有一个现象值得注意，北京大学软件与微电子学院计算机技术系在全国率先开设了计算机辅助翻译专业，作为新兴的交叉学科，致力于培养文理兼备的复合型人才。这给外语教育带来重要启示。外语教育工作者应当意识到，未来市场需要的不是仅能掌握翻译原理和技巧的传统译员，而是高端的复合型翻译人才。特别是从"一带一路"倡议和中国文化走出去等国家战略的实施，到提出构建人类命运共同体，新时代对外语人才的需求已发生了本质变化，提高人才培养质量、满足多元人才需求已成为现代化建设的迫切要求。[1]

英国哲学家怀特海（Alfred North Whitehead）曾谈到，教育要将学生的专业知识与文化素养化为一体。[2]在不同学科领域之间建立并完善符合社会需求变化和学科发展内在要求的更高质量的文化复合型人才体系，是新时代外语教育的必然选择。这里的更高质量的意思是说，不能把外语仅仅视为一种技能与载体，而要在夯实外语语言教学的基础之上，强化外语教学作为文化教学和跨文化教学的学科意识，引进文化和跨文化外语教学新视角，重视外语语言文化知识的传授，促进高校外语专业教育的文化转向。[3]

1　蒋洪新. 新时代翻译的挑战与使命 [J]. 中国翻译, 2018（2）：5-7.

2　Alfred North Whitehead. *The Aims of Education and Other Essays*[M]. New York: The Free Press, 1929: 1.

3　蒋洪新. 关于新时代英语教育的几点思考 [J]. 外语教学, 2018（2）：49-51.

3. 强化人工智能在外语教学中的运用

2017年7月，国务院发布《新一代人工智能发展规划》，要求"利用智能技术加快推动人才培养模式、教学方法改革"。互联网技术、知识数字化技术和移动通信技术的发展，改变了人类获取知识的方式和渠道，促进了教育观念的转变和体制创新。未来，虚拟现实、增强现实和人工智能技术的发展及其与教育教学的融合，将颠覆传统教学过程，促使教师的角色发生转型。[1]

人工智能技术与教育的融合，必然推动课堂教学方式的转变。人工智能在程式化翻译上效率高，人类智能在情感和审美上的创意强，两者结合是最好的联姻。外语界不应惧怕人工智能，在"互联网+"背景下，外语教育工作者要与科技企业实现跨行业协同创新，实现语言资产的共享，开展语料库的共建，主动与人工智能结合。我们有必要对外语教学以及人才培养体系进行修订完善，一方面增加相应的人工智能翻译的技术应用类课程，另一方面更加注重人工智能技术在课程教学中的运用。

2017年10月，科大讯飞与上海外国语大学宣布共建智能口笔译研究联合实验室，在机器翻译、人机耦合的同声传译、翻译辅助训练等方面开展积极探索与合作。与其焦虑于人工智能是否会"抢了同学们的饭碗"，不如鼓励学子更多地接触和利用新技术，乐于辅助新技术的

1 钟秉林. 互联网教育带来的新挑战 [N].
人民政协报. 2017-7-26.

发展，这是上外在应对人工智能的挑战上作出的选择。"大学办教育、搞科研、培养人才，要与融入到生活中的、影响未来发展的技术有密切联系。"[1]这个做法也应引起人们的高度关注。

苹果公司首席执行官库克（Timothy Donald Cook）说："我并不担心机器人会像人一样思考，我担心人像机器一样思考。"[2]人工智能时代的机器翻译、大数据分析、知识数字化等，必然会带来外语教育教学的深刻变革。我们外语教育工作者都准备好了吗？我们要如何面对这种变化？如果想要在拥抱新技术的同时不被新技术所抛弃，关键在于我们外语界这个学术共同体要一起来动脑筋、想办法，研究出如何恰当地使用这些人工智能技术的办法来。

（本文根据发表于《光明日报》2019年3月16日
第12版的同题文章修改而成）

1　邰阳. 这所以外语教育为特色的文科高校为何如此重视人工智能？[N]. 新民晚报. 2018-11-10.

2　南希. 苹果CEO库克：我不担心机器像人一样思考 我担心人像机器一样思考[EB/OL]. [2017-12-03] http://zjnews.zjol.com.cn/ztjj/2017wic/news/201712/t20171203_5906775_ext.shtml

"通识教育"与英语专业人才的培养

　　中国高等教育近几年发生了翻天覆地的变化，其中引人注目的巨变之一就是大学生和研究生的扩招，完成了从精英教育向大众教育的过渡。然而，我们在扩招的同时如何把握教育质量；在知识爆炸的年代，大学如何传承知识和进行创新；为了使自己的毕业生适应不断变化的形势需要，大学在对学生的培养方面应做怎样的变革；英语专业人才仅仅是作会说洋文的传声筒，还是成为复合型的通才？所有这些，亟需我们做出回答。

　　中西古老大学的教育，旨在培养"通人"和"全人"。我们可以从其课程设置窥见一斑：公元前5世纪到4世纪的雅典教育包含语法、修辞、逻辑（论辩）、算术、几何、天文、音乐7门学科，[1]中国儒家的教育涵盖"礼乐射御书数"等科目。这说明，早期的大学教育具有我们今天所提倡的"通识教育"的性质。

　　自近代以降，西方有关人学的理念与功能至少存在着信奉人文主义和科学主义两派之争。人文主义的伟大倡导者是英国19世纪的红衣主教约翰·亨利·纽曼（John Henry Newman），他所面临的形势是：在英国工业革命兴起之后，科学的社会地位和影响日益上升。英国出现的"新大学运动"，主张扩大学生入学规模，摒弃宗教教

1　阿伦·布洛克.西方人文主义传统 [M].董乐山译.北京：生活·读书·新知三联书店．1997.4.

育，不注重知识的整体性。功利主义和科学主义的教育理想使英国传统的古典人文主义受到了严重挑战。

正是在这样的背景下，纽曼高举人文主义旗帜，提出了自己的大学理想。他认为：大学教育的目的是发展人的理智，大学的真正使命是"培养良好的社会公民"并随之带来社会的和谐发展。[1]纽曼反对在大学过早细分专业，但并不是不注意大学为大学生将来的职业做准备，大学应以集智慧、勇敢、宽容、修养于一体的自由教育为主旨。纽曼非常注重大学的思想和学术气氛，学者们云集大学，相互竞争、相互尊重、相互商量、相互帮助。这样就形成了一种纯洁清澈的思想空气。学生浸润其中，自然受到启发。对大学所有的课程，他着力强调文法、古典文学和哲学等传统人文课程，这些课程应为训练智力服务。不过值得我们注意的是，纽曼的自由教育不包含科学发现。他在其名著《大学的理想》前言中写道："我对大学的看法如下：它是一个传授普遍知识的地方。这意味着，一方面，大学的目的是理智的而非道德的；另一方面，它以传播和推广知识而非增扩知识为目的。如果大学的目的是为了科学和哲学发现，我不明白为什么大学应该拥有学生；如果大学的目的是进行宗教训练，我不明白它为什么会成为文学和科学的殿堂。"[2]

---

1 Newman, J. The Idea of a University [M]. London: Longman, 1907: 177.

2 Newman, J. The Idea of a University [M]. London: Longman, 1907: viii.

　　与纽曼所怀抱的理想迥然不同的是德国柏林大学校长洪堡（Alexander von Humboldt）的教育理念。他认为大学的首要任务是发展知识，而不是传授知识，大学应该是科学研究的中心，不仅仅是教学的阵地。洪堡所创办的柏林大学成为现代大学的典范。

　　在19世纪70年代，哈佛大学校长查尔斯·艾略特（Charles William Eliot）认为，学生的个人智力和志趣的不同未引起美国高等教育的注意，大学应该给予学生在学习方面的选择自由。因此，他在哈佛推行选修课制。在艾略特坚持不懈的领导下，到1895年哈佛大学一年级必修课除了两门英语和一门现代外国语外，其他所有课程皆采用选修制。到20世纪30年代，美国芝加哥大学校长罗伯特·赫钦斯（Robert M. Hutchins）秉承纽曼的自由教育思想，捍卫学术自由，倡导永恒的理论教育而非用途短暂的专业教育，并以此对当时美国盛行的实用主义提出批评。他将学校划分为人文科学部、社会科学部、生物科学部、自然科学部四大部门，制定通识课程教学大纲，开设通识导论课程(Introductory General Course)，并将英语写作、外语等作为必修课。在赫钦斯看来，"大学本科教育的目标是培养合格的公民而不是科学家和学者，大学应教给学生真理"。这些课程和院系的调整正是其通才教育思想的生动体现，推动芝加哥大学成为当代全球高校本科通识教育的典范。

尽管西方有赫钦斯这样富有远见的教育家，但是科学主义和人文主义的教育主张一直是大学论争的主旋律。剑桥大学的斯诺(C. P. Snow)爵士批评说，"学术文化已经分裂为两个壁垒森严的世界，一个是人文的，一个是科学的"。[1]随着学术的专业化和精致化的加剧，人们越来越将自己锁定在狭隘的圈子里，对人类的整体知识和世界的义务缺乏兴趣。到了20世纪80年代和现在，美国的各重点大学对本科生的通识教育课程进行了重新讨论。人们一方面注重过分专业化而忽略了学生的全面成才，另一方面又担心教育上的自由放任，课程缺乏结构性，零散泛滥。让学生在几千门的通识教育课程中自由选择，宛如茫茫大海中任自漂荡。

鉴于此，美国的有识之士开始了新的改革。1978年，哈佛大学文理学院院长罗索夫斯基（H. Rosovsky）及其同事想从课程改革方面来解决这个问题。他们提出了一

1 金耀基. 大学之理念 [M]. 北京：生活·读书·新知三联书店，2001.

份长达36页的"核心课程报告"（Report on the Core Curriculum）。这个报告的核心是认为哈佛学生在专业课（主修课）之外，应该取得或熟悉某些其他知识与技术，也即应该修读一些非学系的课程。按照这个报告的要求，每个学生应该至少在下面每个知识领域中选读一个科目，即文学、艺术、历史、社会分析、道德哲学、自然科学、数学、外国语言、外国文化；在这些领域中，每个领域又有8—10个科目可供选择。[1]事实上，哈佛大学的本科课程除了主修、核心课程之外，还有大量的选修课供学生选择。该校通过这一系列专精和博广的课程结构来塑造哈佛对"知识人"的重新界定，也由此说明哈佛对本科教育的重视和对美国通识教育传统的积极肯定。

哈佛的率先垂范，引发了杜克大学、加州大学洛杉矶分校、麻省理工学院、普林斯顿大学、斯坦福大学对本科教育改革的热潮。我们不妨看看这几所大学的改革情况。

杜克大学：该校于1986—1988年对课程设置做了较全面系统的修订。近几年，随着形势发展，他们对通识教育的课程体系进行了再一次的改革。1997年，他们成立了专门的课程评估委员会，在调查、研究和讨论的基础上形成了杜克大学新的课程改革报告——"课程2000（Curriculum 2000）"。该课程已经实施，它"对整体结构与个性选择及知识广度和知识深度做了进一步深化"，"课程设置不是所提供课程的简单汇总，而是对多

1 金耀基.大学之理念 [M].北京：生活·读书·新知三联书店，2001.

种学习体验与学习序列选择的组织，从而引导学生最终获得丰富而有意义的知识积累。……在这个结构内继续提供多种选择。通过要求学生在通识教育要求的所有知识领域内选课，"课程2000"也为学生提供了知识的广度，同时通过学习主修课程继续强调知识的深度。整体结构与个性选择和知识广度与知识深度的结合也确保了杜克大学的本科生能够共享多种教育体验"[1]在这个框架结构里，涵盖四个教育目标：知识领域、探究方式、重点探究和能力培养。其课程和具体要求如下："知识领域，所有学生需要学习下列每类学科的3门课程：文学与艺术、社会文明、社会科学、自然科学和数学（自然科学至少需要2门）。探究方式，所有学生需要学习下列两种以探究方式为定向的2门课程：定量、归纳和演绎推理，阐释和审美方法。重点探究，所有学生需要学习下列3种以探究为定向的2门课程：跨文化的探究，科学技术和社会伦理探究。能力培养，所有学生需要学习下列能力培养定向的课程：外语能力，所有学生都必须学习一门外语课程，不要求任何学生在外语方面学习3门以上的课程；写作能力，要求所有学生学习指定为强化写作技能培养的3门课程，其中门将在第一学年学习；研究能力，要求所有学生学习指定为强化研究能力培养的两门课程，其中一门必须是主修专业课程。因此，所要求的课程总数下限13门，上限是15门。"[2]

1 朱清时.21世纪高等教育改革与发展——国外部分大学本科教育改革与课程设置[C].北京：高等教育出版社，2002：126-127.

2 同上。

加州大学洛杉矶分校：该校经过两年的调查、讨论和研究之后，由8名教师和3名学生组成工作小组一致建议应对加州大学洛杉矶分校（UCLA）的通识课程进行改革。他们认为，尽管过去的UCLA的许多通识课程已相当不错，但还存在不足："在总体上通识教育课程缺乏协调性，知识结构不够合理，它没有一个系统的依据，无法确保各门课程之间相辅相成，或使一门课的知识用来巩固其他课程所学的知识。"[1]他们将通识教育的目的建立在这样的思想上："大学教育不仅应着眼于单个学科专业知识的教学，还应关注那些使人们成为合格公民和真正的人应掌握的更为宽泛的知识。"根据新的通识教育要求，学生必须修满14门课程，其课程分布为：5门"北"类课程（艺术、人文和社会科学，对大多数学生来说其中两门为写作课程），3门"南"类课程（工程、健康科学、数学和自然科学），2门"桥"类课程（连接这"北"、"南"的"桥"的知识类型），1门定量推理以及3门外语课程。UCLA的通识教育改革值得我们学习的是它的跨学科课程串。这些课程串旨在向学生介绍艺术、人文、自然科学、社会科学和工程等方面的重要基础知识，面向宽泛型知识领域，并且帮助他们在一个民主和融合多种文化的社会中做好必要的生活准备。学校每年提供大约15个课程串——5至7个属于"北"类，3至4个属于"南"类，5至7个属于"桥"类。例如，在一门关于能量概念的课程串中，物理学家可以定义和阐述这一概念，而一位工程学教授可从技术的角度去研究能量，历史学家可以研

1 朱清时. 21世纪高等教育改革与发展——国外部分大学本科教育改革与课程设置 [C]. 北京：高等教育出版社，2002.

究这个概念的起源和它与科学及工业革命的关系,艺术和文学方面的专家将思考人类的想象力是怎样描述能量的,政治学家会发表越来越重要的能源政策。由此我们可以看出,课程串的课程是跨学科的,授课教师来自不同的系或学院,在交叉的学科中学生的综合和创新能力将得到极大提高。[1]

麻省理工学院:自然科学核心课程微积分(2门课程)、物理学(2门课程)、化学(1门课程)、生物学(1门课程),人文学科、艺术、社会科学(8门课程),科学和技术限选课(2门课程),实验(1或2门课程),写作(两个方面:基本写作能力和所选专业的写作能力)。

普林斯顿大学:写作(一学期,不可免修)、外语(证明精通)。分类要求:认识论与认识(1门课程)、伦理思想与精神价值(1门课程)、历史分析(1门课程)、文学与艺术(2门课程)、定量推理(1门课程)、科学和技术实验(2门课程)、社会分析(2门课程)。

斯坦福大学:写作(第一年的主修要求)、外语(一年大学水平的学习或相当水平),通识教育要求:文化、思想和价值(三学期课程),自然科学、应用科学和技术、数学(3门课程,在同一子类不能多于2门),人文学科和社会科学(3门课程,每个子类至少1门),世界文化、

1 朱清时.21世纪高等教育改革与发展——国外部分大学本科教育改革与课程设置[C].北京:高等教育出版社,2002:168-172.

美国文化和性别研究（在三个子类的二个中，至少1门课程）。[1]

这里需要强调的是，当代美国大学的通识教育并非人们望文生义所想象的非专业教育。他们并不排弃专业教育，而是对专业教育的进一步补充和修正。

中国现代大学从诞生起就汲取了西方现代大学的先进理念。蔡元培任北京大学校长时就指出："大学者，'囊括大典，网罗众家'之学府也"，"大学并不是贩卖毕业文凭的机关，也不是灌输固定知识的机关，而是研究学理的机关"。[2]蔡元培奠定了北大兼容并蓄、学术独立、思想自由的精神气质。梅贻琦任清华大学校长不久就提出通识教育的理念，他告诫学生说："有人认为学文学者，就不必注意理科；习工科者就不必注意文科，所见似乎窄小一点。学问范围务广，不宜过狭，这样才可以使吾们对于所谓人生观，得到一种平衡不偏的观念。对于世界大势文化变迁，亦有一种相当了解。如此不但使吾们的生活上增加意趣，就是在服务方面亦可以加增效率。这是本校对于全部课程的一种主张。盼望大家特别注意的。"他认为当时的中国要实现工业化，不仅需要技术人才，而且需要组织人才，"真正的工业的组织人才，对于心理学、社会学、伦理学，以至于一切的人文科学、文化背景，都

1 朱清时.21世纪高等教育改革与发展——国外部分大学本科教育改革与课程设置 [C].北京：高等教育出版社，2002：150-152.

2 杨东严.艰难的日出 [M].北京：文汇出版社，2003：50-52.

应该有充分的了解"[1]。梅贻琦认为大学教育"重心所寄，应在通而不在专"，"通识为本，而专识为末，社会所需要者，通才为大，而专家次之，以无通才为基础之专家临民，其结果不为新民，而为扰民"。

20世纪50年代，我国学习苏联高教体制，对全国的高等院校进行了大规模的"院系调整"，将原有的众多综合性大学改为理工科大学，明显重理工轻文科。"文革"结束重新恢复高考制度之时，社会上流行的一句口号是："学好数理化，走遍天下都不怕。"科学主义在中国确实对人文教育有些影响，但并非是使人文科学及其课程受贬的主要原因，长期以来高校的行政化和近年来日益浓厚的商业气才是影响大学人文精神和通识教育的罪魁祸首。中国相当多的大学长期在计划经济下形成的管理模式，以及各院系、各学科及教学人员的各自分裂，让彼此之间保持着那种老死不相往来的状态。没有学科的交叉融合和大学行政与学术教学组织的良好协调，通识教育无从谈起。因此，重视通识教育的理念和建立通识教育的体系和组织是我国高校面临的重要问题。

面对日趋激烈的竞争，高等学校英语专业教学指导委员会确定了21世纪我国高等学校英语专业人才的培养目标。《高等学校英语专业英语教学大纲》（以下简称《大纲》）规定："高等学校英语专业培养具有扎实的英语语言基础和广博的文化知识并能熟练地运用英语在

1 刘述礼 黄延复.梅贻琦教育论著选 [C].北京：人民教育出版社，1993：17.

外事、教育、经贸、文化、科技、军事等部门从事翻译、教学、管理、研究等工作的复合型英语人才。""这些人才应具有扎实的基本功、宽广的知识面、一定的相关专业知识、较强的能力和较高的素质。也就是要在打好扎实的英语语言基本功和牢固掌握英语专业知识的前提下，拓宽人文学科知识和科技知识，掌握与毕业后所从事的工作有关的专业基础知识，注重培养获取知识的能力、独立思考的能力和创新的能力，提高思想道德素质、文化素质和心理素质。"[1]

根据这种教育思想，英语专业改变了过去纯语言、纯文学的培养模式，将学生全面素质的提高放在首位，注重学生能力培养，并处理好本科教育与终身教育的关系。因此，在这本教学大纲里，将英语专业课程分为英语专业技能课程（指综合训练课程和各种英语技能的单项训练课程，如：基础英语、听力、口语、阅读、写作、口译、笔译等课程）、英语专业知识课程（指英语语言、文学、文化方面的课程，如：英语语言学、英语词汇学、英语语法学、英语文体学、英美文学、英美社会与文化、西方文化等课程）、相关专业知识课程（指与英语专业有关联的其他专业知识课程，即有关外交、经贸、法律、管理、新闻、教育、科技、文化、军事等方面的专业知识课程）。

对这个新出台的《大纲》和复合型英语人才的建构，

1 高等学校外语专业教学指导委员会英语组.高等学校英语专业英语教学大纲.[Z].北京：外语教学与研究出版社；上海：上海外语教育出版社，2000.

全国英语专业界已有充分的讨论，许多院系已经付诸实践，其中有些成功范例，但大多有些茫然。笔者在此不揣浅陋，以期抛砖引玉。

1. 从办学理念讲，《大纲》提出培养复合型英语人才是符合时代要求、富有战略眼光的。我们理解和实施《大纲》时，必须把握两条基本原则：首先，英语专业复合人才的培养，要在打好扎实的英语语言基本功和牢固掌握英语专业知识的前提下，再与将来所从事的专业进行复合培养。其次，复合型英语人才相对于传统的英语人才，应该是道德情操、各方面素质与才能更为和谐和全面发展的人才。这一点，符合先进国家所主张的"通识教育"的主旨。因此，我们在教育实践中决不能将复合型英语人才培养视为"英语"与其他专业的简单相加。

2.《大纲》提出："语言基本功的训练是英语教学的首要任务，必须贯穿于4年教学的全过程。在注意听、说、读、写、译各项技能全面发展的同时，更应该突出说、写、译能力的培养。"[1] 这个提法是正确的。但在英语专业教学中，我们对学生的听说读的能力培养似乎抓得紧些，学生在这些方面也乐于练习，而写作的训练注意不够。写作训练对教师和学生都是辛苦的，双方都想回避它。在《大纲》的课程设置里，"写作"课仅开了两年（二年级和三年级），而"阅读""基础英语""听力"和"口语"所占的学时要多得多。这些专业课对打好英语基本功肯定

1 高等学校外语专业教学指导委员会英语组.高等学校英语专业英语教学大纲.[Z].北京：外语教学与研究出版社；上海；上海外语教育出版社，2000.

是很重要的,英语专业之区别于其他非英语专业的优势有二:口头表达能力和笔头写作能力。因此,我们在重视听说读能力培养的同时,要加大写作的投入。这种投入有方法解决:在英语教学的所有课程中都有培养学生写作能力的义务,并贯穿到大学4年,不要把写作仅视为写作老师一人的苦差事。同时,要对学生经常布置各种类别的写作,并有一套检查和提高的教学管理机制,使其养成自觉的习惯,至少写作不合格者不予毕业。在美国的大学(包括理工大学)中,是有此规定的。

3. 加大教学方法和教学手段的改革。我们在大学4年里要达到《大纲》里所提出的复合型英语人才的培养目标,是需要付出艰苦努力的。这一崇高目标,惟有对我们的传统英语教学进行改革方能实现。我们要改变以教师为中心的教学模式,应以学生为主体、教师为主导,注重培养学生的自主性和创造精神。我们还要进一步尝试推动课堂教学向课外自学延伸,例如通过教师的引导,加大学生的课外阅读、听说和写作力度。这样,在有限的英语专业课程学时里可以超额完成任务。另外,通过多媒体和网络技术等现代化教学手段的改善,学生的口语和听力训练可成为自觉行动。这些改革的成功,方能为复合型人才培养提供效率和腾出时间,否则就是纸上谈兵而已。

4. 我们在提倡复合型英语人才培养的过程中要不忘人文精神的引领。在该文前半部分,笔者已经谈到,在西方和美国大学的通识教育里文学艺术课程是必修课。这些国家和先进大学包括理工大学都很重视文学教学，因为文学教学有利于人文素质的培养。作为英语语言文学专业，我们更有理由建设好"英美文学课"。它既能激发学生的人文兴趣，提高学生的人文精神境界，同时也能为学好语言和其他专业奠定坚实基础。但从目前的英语专业教学情况来看，"英美文学"教学并不尽如人意。首先是教学课时不足。在英语专业的本科课程设置里，目前的教学计划是大学三年级才开始开设"英国文学"（总共72学时），大学四年级开设"美国文学"（总共72学时）。[1]文化是一个民族真正的灵魂，民族文化又必然顽强地存在于课程当中。在众多的课程之中，数学、文学（涵盖本国母语），以及外语是世界上最普遍的课程。因此，文学课是具有国际性意义的课程。而我们英语专业的文学课从教学计划来讲偏少，它占英语专业课程2000学时的7%，即使是如此小的比例，仍有可能在相当多的院系被减少到大学四年只上一门"英美文学选读"课。由于学时的不足，在教学内容上一般能教到"19世纪英美文学"就算不错了。我们可以将英美文学课与阅读课结合起来，将开课的时间提前到大学低年级。这样就不至于停留在表面或者仅学到一些皮毛，而是可以接触到西方文学与文化的精华。其次，有关英美文学的教材和教学方法亦需做些改革。《大纲》中提到："文学课程的目的在于培养学生阅读、欣赏、理解英语文学原著的能力，

1　高等学校外语专业教学指导委员会英语组.高等学校英语专业英语教学大纲.[Z].北京：外语教学与研究出版社；上海：上海外语教育出版社，2000.

掌握文学批评的基本知识和方法。通过阅读和分析英美文学作品，促进学生语言基本功和人文素质的提高，增强学生对西方文学及文化的了解。授课内容可包括：（a）文学导论；（b）英国文学概论；（c）美国文学概论；（d）文学批评。"[1]可见，《大纲》里的目标非常明确，但我们目前的英美文学教材却没有完全覆盖《大纲》所规定的教学内容。这些都值得我们做进一步的探索。在教学方法上，我们至少可以借鉴多媒体和电影来改进文学教学，使之更生动，更富有效果。

古人云："苟日新，日日新，又日新。"愿我国的高等教育和英语教学在改革的春风里焕发出新的生机。

（本文根据发表于《四川外语学院学报》
2004年第6期的同题文章修改而成）

1　高等学校外语专业教学指导委员会英语组.高等学校英语专业英语教学大纲.[Z].北京：外语教学与研究出版社；上海：上海外语教育出版社，2000.

人文教育与高校英语专业建设

　　1959年5月7日下午5时许，剑桥大学古典风格建筑评议厅内师生聚集一堂，一位身材高大、地位显赫的人物在此发表一年一度的里德演讲（Rede Lecture）。他演讲的题目为"两种文化与科学革命"。报告人是斯诺（C. P. Snow）。他一身数任，既是科学家，又是小说家，且为政府主管科技发展的要员。他以自视颇高的口气说，在很长一段日子里，他白天与科学家在一起工作，晚上则与一些文学同事在一起。他发现当代的科学家与人文学者在才智、种族、社会出身、收入等诸方面皆相近，但他们在学术、道德和心理状态等方面共同点却很少，彼此之间的沟通要比穿过大西洋还要困难。他们实际上代表科学与人文两种文化。[1]从斯诺的发言及其后来结集出版的《两种文化》和《再看两种文化》可以看出，对于未来，他寄希望于先进的科学文化。此言一出一石激起千层浪，科学主义与人文主义之争又烽烟再起。因为在此之前，英国曾有一场科学与人文教育的论战。1880年科学家赫胥黎（Thomas Henry Huxley）发表《科学与文化》演说，认为科学教育起码与文学教育具有同等效应。具有讽刺意味的是，诗人与批评家马修·阿诺德（Mathew Arnold）也来到剑桥对里德演讲予以回击。他认为对美的追求与道德行为的完善方为生活之要旨，唯有广义的文学才能反映并促进这种关心。时隔半个世纪之后，斯诺的这番

1　C. P. 斯诺. 两种文化 [M]. 陈克艰、秦小虎译. 上海：上海科学技术出版社，2003.

大话，成为另一位文学批评家弗·雷·利维斯博士（F. R. Leavis）攻讦的靶标。利维斯坚持只有一种文化，即文化传统，文学批评是维护并光大文化传统的重要环节。[1]

其实早在这两场科学主义与人文主义论争之前，英国在维多利亚时期曾就大学理想及其办学方向展开争论。"新大学运动"为适应工业革命，提倡职业技术教育，并扩大学生入学规模。因此之故，功利主义和科学主义的教育理想对英国传统的古典人文主义教育构成严重挑战。此时，阿诺德的精神导师——英国19世纪的红衣主教约翰·亨利·纽曼（John Henry Newman）提出了自己的大学理想。他认为：大学教育的目的是发展人的理智，大学的真正使命是"培养良好的社会公民"并随之带来社会的和谐发展。[2]纽曼反对在大学过早细分专业，大学应以培养集智慧、勇敢、宽容、修养于一体的自由教育为主旨。纽曼非常注重大学的思想和学术氛围。学者们云集大学，相互竞争、相互尊重、相互商量、相互帮助，这样就形成了一种纯洁清澈的思想空气。学生浸润其中，自然受到启发。他着力强调文法、古典文学和哲学等传统人文课程的重要性，这些课程应为训练智力服务[3]。纽曼的教育思想影响了一代又一代的学人。

1　Leavis, F. R. *Two Cultures? The Significance of C. P. Snow* [M]. Random House Inc., 1963.

2　Newman, J. The Idea of a University [M]. London: Longman, 1907: 177.

3　约翰·亨利·纽曼. 大学的理想（节本）[M]. 徐辉, 顾建新, 何曙荣译. 杭州：浙江教育出版社, 2001.

20世纪30年代，美国芝加哥大学校长罗伯特·赫钦斯（Robert M. Hutchins）对当时美国盛行的实用主义提出批评，反对大学过分专业化。赫钦斯说："当学生的注意力从学科理智方面的内容转向职业兴趣，大学也就没能做到它唯一能做的事情，而是在尝试一些注定要失败的事情。"[1]他对芝加哥大学原有的课程进行归并，大规模改组先前的学院管理体系，把整个大学分为生命科学、社会科学、自然科学和人文科学四个部，并强调部际之间、院际之间要在教学、科研等方面进行卓有成效的合作。学生无论将来从事什么工作，都必须掌握这四大学科领域的基本知识。这些课程和院系的调整，体现了赫钦斯的通才教育思想。他认为：学生学了这些课程之后，就能掌握最基础的、因而是融会一体的知识结构，以不变应万变，解决现实社会中各种各样的具体问题。赫钦斯的通才教育还强调理智训练，以"帮助学生学会自己思考，做出独立的判断"。"对年轻人来说，通才教育的目的是培养他们不断进行自我教育所必需的习惯、观念和技能。因此，正规的制度化的普通教育是为年轻人终身的自我教育作准备的。"[2]赫钦斯有关通识教育的思想早已超越时代和国界，对世界高等教育产生了积极的作用。

发生在英美两国近两个世纪的科学与人文、通识与职业的教育理念之争，其实是工业化过程中与社会转型

1　罗伯特·赫钦斯. 美国高等教育 [M]. 汪利兵译. 杭州：浙江教育出版社，2001.

2　同上.

时期所面临的普遍问题。这场跨世纪的思想交锋至今尚未尘埃落定。透过这场论争，我们扪心自问：现代化征程中高歌猛进的中国及其大学教育是否也面临类似的问题？今天，我们在谈论英语专业建设和素质教育时，不妨对其作一些借鉴与参照，这样，我们思考与探讨问题就有了历史与宏观的背景作参考。

左图
湖南师范大学民乐团开展师生美育教育活动——"美遇师大"

　　毫无疑问，改革开放30年来，我国高校英语专业取得了突飞猛进的发展。据有关资料粗略统计：我国高校中已开办英语本科专业的达900多家，英语语言文学硕士点中已达200多个，外国语言文学的博士点（包括外国语言学及应用语言学）已有40余个。[1]规模的扩大、教学的投入为我国的经济建设、对外交往和社会发展等领域培养了数百万的外语人才。在发展的同时，许多专家注意到还存在不少问题，如教学偏重语言知识的传授，轻语言

1　戴炜栋．高校外语专业教育发展报告(1978—2008)[Z]．上海：上海外语教育出版社，2008．

交际能力的培养；人才培养模式方面，不少外语人才知识面过窄，技能单一，社会适应能力不强等。[1]此话切中肯綮。透过现象看本质，我们在办学的指导思想、课程设置，以及教学过程中确实还存在某些问题，值得探讨。

　　首先，在办学的理念上，各外语院校基本把自己定位为社会和市场的适应者角色。这种思想在《高等学校英语专业英语教学大纲》（以下简称《大纲》）中体现得较为充分。该大纲在提出转变我们外语专业本科教育观念时指出："如何为21世纪的社会主义市场经济体制服务，处理好外语教育与社会主义市场经济的关系，是摆在教育行政部门、高等学校和全体外语教育工作者面前的一项重要任务。要完成这一任务，就必须打破计划经济体制下长期沿用的纯语言、纯文学的人才培养模式。""从根本上来讲，外语是一种技能，一种载体；只有当外语与某一被载体相结合，才能形成专业。"[2]因此，我们要面向市场需要，朝所谓"外语+专业（如计算机、法律、外贸等专业）"复合型人才培养模式迈进。这本教学大纲将英语专业课程分为英语专业技能课程（指综合训练课程和各种英语技能的单项训练课程，如：基础英语、听力、口语、阅读、写作、口译、笔译等课程），英语专业知识课程（指英语语言、文学、文化方面的课程，如：英语语言学、英语词汇学、英语语法学、英语文体学、英美文

1　戴炜栋.高校外语专业教育发展报告（1978—2008）[Z].上海：上海外语教育出版社，2008.

2　高等学校外语专业教学指导委员会英语组.高等学校英语专业英语教学大纲[Z].北京：外语教学与研究出版社；上海：上海外语教育出版社，2000.

学、英美社会与文化、西方文化等课程）和相关专业知识课程（指与英语专业有关联的其他专业知识课程，即有关外交、经贸、法律、管理、新闻、教育、科技、文化、军事等方面的专业知识课程）。关于这个《大纲》和复合型英语人才的建构，全国英语专业界已有充分的讨论，许多院系已经付诸实践，其中有些成功范例，但大多有些茫然。就市场需求的角度而言，这个论断是有道理的。故教育部在设置本科专业时，将英语语言文学、俄语语言文学等干脆改为英语、俄语等。这样，语言文学本身作为专业（如同中国语言文学作为本科专业）的地位改变，仅被视为一种技能与载体，成为其他专业的黏合物，宛如胶水与糨糊，被黏物自然是主体。语言文学教学的地位也随之降低，甚至在一些院校被视为可有可无的鸡肋。纵观近十年英语复合型人才的培养实践，屈指可数的成功者局限于几所复合专业强大的院校，因为这些院校有悠久的专业历史、良好的办学条件和能操双语教学的师资队伍。如经贸院校的商务英语，往往能办出特色与成绩，但是财经类院校、师范类院校等却鲜有成功者。这些院校的复合人才培养大多是挂羊头卖狗肉，其主要原因是师资跟不上，专业老师英文不好，而英文好的老师往往对复合的那门专业仅知皮毛，故培养出来的复合型英语（英语+计算机、法律、外贸、新闻）本科生比不上专门院系毕业生，而语言文学的基本功又没有抓好，可谓抓了芝麻、丢了西瓜。所以，我们要讲外语专业的复合型人才的培养，必须是在学好该国语言文学基础上的复合，否则，皮之不存，毛将焉附？在教育实践中，我们决不能将复合型英语人才培养视为"英语"与其他专业的简单相加。对照赫钦斯所反对的职业化倾向的教育理念，当今中国外语教育的某些方面不幸被他言中。

其次，我们在教育理念与课程设置等方面没有意识到文学对英语语言文学专业的重要性。文学是一个民族真正的灵魂，民族文学又必然顽强地存在于课程之中。在众多的课程之中，数学、文学（涵盖本国母语），以及外语是世界上最普遍的课程。因此，文学课是具有国际性意义的课程。根据《大纲》的本科课程设置，目前的教学计划是大学三年级才开始开设"英国文学"（总共72学时），大学四年级开设"美国文学"（总共72学时）。它占英语专业课程2000学时的7%。从教学计划的课时安排来讲，英语专业的文学课偏少。即便是如此小的比例，在相当多院系还有可能达不到，有的院系到大学四年级才上一门"英美文学选读"课。由于学时的不足，在教学内容上一般能教到"19世纪英美文学"就算不错了。英语语言文学专业学生到毕业时拿的是文学学士学位，仅学这么一点点文学课，如何名副其实呢？相比而言，一位中国语言文学的本科生，他大学四年必然有贯穿四年的文学课：从古代文学、现代文学到当代文学，从作品分析与理论批评到诗歌、散文、小说，以及各种文体的写作，无不涉及。英美大学的英语语言文学专业与我国中文专业的课程开设，也有异曲同工之妙。其实，从宏观教育哲学角度来思考，教育的功能除了适应和满足社会需要之外，还有教育本身的定位，教育应激发学生的想象力，激发学生既要脚踏实地，还要仰望天空。文学教学是激发想象力的重要源泉，文学还有教化作用。在近现代西方，宗教的力量式微之后，文学在某种程度上取代了宗教的功能。阿诺德说过："今天我们宗教的最强烈的部分是无意识的诗歌。""没有诗歌，我们的科学就显得不完整；许多宗教和哲学留给我们的将会被诗歌所取代。"[1]英国另一位大诗人叶芝（William Butler Yeats）进一步指出："文学在我心中是世界重要的教育力量，是所有价值的最高创造者，这种力量不仅通过每人所公认神圣书籍里实现，而且通过富有强度和力量的真诚的歌、故事和戏剧里的每一想象来展示。"[2]正因为此，在当代西方和美国的大学（包括理工科大学）里，除了重视专业教育之外，还加强了通识教育。在通识教育课程里，文学、艺术等是其中的必修课程。而且，对外语专业培养规格和规律而言，语言文学是最重要的基本功。根本不牢，地动山摇。要打好扎实的语言基本功，就要从阅读和学习好的文学作品着手，方能切中鹄的。

再次，即便在实力较强能开出英美文学的院系，在教学方法上与教学过程中也存在一些值得商榷的问题。《大纲》对文学课程的培养目标是这样描述的："文学课程的目的在于培养学生阅读、欣赏、理解英语文学原著的能力，掌握文学批评的基本知识和方法。通过阅读和分析英美文学作品，促进学生语言基本功和人文素质的提高，增强学生对西方文学及文化的了解。授课内容可包

1　蒋洪新. 英美诗歌选读 [Z]. 长沙：湖南师范大学出版社，2004.

2　同上.

括：（1）文学导论；（2）英国文学概论；（3）美国文学概论；（4）文学批评。"[1]

这个培养目标相当明确，但要达到这些目标，我们除了要保证课时与课程外，要做的工作还有不少：

其一，教学内容上的改革。在国内流行的有关英美文学的教材有如下几种：（1）英国文学教材：陈嘉，《英国文学史》，商务印书馆，1986年；陈嘉，《英国文学作品选读》，商务印书馆，1982年；刘炳善，《英国文学简史》，上海外语教育出版社；杨岂深、孙铢，《英国文学选读》，上海译文出版社，1981年。（2）美国文学教材：常耀信，《美国文学简史》，南开大学出版社，1990年；李宜燮、常耀信，《美国文学选读》，南开大学出版社，1991年；杨岂深、龙文佩，《美国文学选读》，上海译文出版社，1985年和1996年；吴伟仁，《美国文学史及选读》，外语教学与研究出版社，1990年；胡荫相、刘树森，《美国文学教程》，南开大学出版社，2001年。（3）英美文学教材：张伯香，《英美文学选读》，外语教学与研究出版社，1998年。客观地讲，这些教材为中国的英美文学教学作出了重要贡献，但这些教材基本上是按文学史、文学选读和文史结合来编选的，没有将文论和文化批评涵盖进去。即便这些教材都很好，但仅依靠一本文学史或者文学选读来学文学是远远不够的，还需要一定量的原作阅读与写作。更何况，目前许多院校有时连一本文学史和文学选

1　高等学校外语专业教学指导委员会英语组.高等学校英语专业英语教学大纲 [Z].北京：外语教学与研究出版社；上海：上海外语教育出版社，2000.

读都未学完，只是根据教师的喜好挑选其中某些篇章学学就敷衍了事，更谈不上大量的原作阅读与写作训练。在此，笔者联想到为何我国老一辈许多外语专家并没有今天这样好的现代教育技术与国际交往环境，但他们的英文基本功和中外文学修养那么好？一个很重要的原因，就在于他们有广博的阅读。1926年吴宓先生在代理清华外文系主任时提出，英语教育要使学生成为"博雅之士；了解西洋文明之精神；熟读西方文学之名著，谙悉西方思想之潮流，因而在国内教授英、德、法各国语言文学，足以胜任愉快；创造今世之中国文学；汇通东西之精神思想，而互为介绍传布"。[1]吴宓先生提出的办外语专业的思想与西方的博雅教育相接轨，洋为中用，汇通中西，旨在培养中国文化建设人才。为达到这个目标，他亲自为学生开出中外文学名著的阅读书目，并在教学中践行。早期清华外文系能培养出钱锺书等一批学贯中西的大学者，正是这种教育思想的结晶。因此，文学史与文学的教材只能起导读的作用，真正学好文学必然要增加大量文学名著的原文阅读。

其二，教学方法上的改革。现代课程改革主张"5I"方案：信息（information）、兴趣（interest）、质疑（inquiry）、智慧（intelligence）和直觉（intuition）。以此来对照我们的文学课教学，我们不仅要注意作品与作者，而且要联系与之相关的社会背景；不仅要在课堂里有精辟的讲解，还要在课后布置原作阅读和写作。

1 傅宏星. 吴宓评传 [M]. 武汉：华中师范大学出版社，2008.

这样，学生就能获取大量的信息。我们还要融合视听说课程的特点来加强英语基本功的训练，在教学手段上可以结合多媒体手段和网络技术，将国内外最新的成果呈现给学生，并结合与文学作品相关的电影来加深学生的印象。这样，教师的启发教学、学生的主动积极学习和现代化教学手段相结合，学生对英语、英美文学和文化的兴趣自然上升，并能从中汲取智慧和精神力量，在自己以后的体验中感悟并转化为自觉的行动。学生的智识与情操的提升，还须老师的言传身教、以身作则。纽曼曾提出大学应该是教师与学生、学生与学生之间构筑友谊的地方，故而英国的大学有驻院制（college）和导师制。中国古时的书院教学体制也是很好的教学相长范例，师生朝夕相处有利于相互切磋学问，提高修行。孔夫子曾讲过，学问之道，如磋如磨。但目前中国好些高校的新校区建在郊区，教师来去匆匆，没有时间与学生切磋学问。即便同住在一个校园，似乎大家都忙，学生不问，老师也不解惑。学者在希腊语中的意思即"忙碌的闲人"。好的人文教育是让学子涵泳其中，如春雨之润物，如春泥之护花，让他们在愉快中追求学问，在闲暇中收获智慧。《论语》开篇写道："子曰：'学而时习之，不亦说乎？'"朱熹在《朱子语类》中写道："读书，放宽著心，道理自会出来。若忧愁迫切，道理终无缘得出来。"亚里士多德曾说："我们工作是为了休闲。"美国哲人爱默生在美国现代化的进程中感叹说："迄今为止，我们的周年庆典仅仅是一种友善的象征而已，它表明我们这个民族虽然过分忙碌，无暇欣赏文艺，却仍然保留着对文艺的爱好。尽管如此，这个节日也是值得我们珍惜的，因为它说明文艺爱好是一种无法消除的本能。"对于"能量崇拜以及行动狂热"的（美国文学批评家白璧德语）今天的大学而言，这种状态似乎成了一种渐行渐远的理想，当今中国过分忙碌的学术界和体制化的大学，也应当做出自我反省。

左图
湖南师范大学
中和楼

关于英国人阿诺德与赫胥黎、斯诺与利维斯之间的科学与人文主义论争，我们不妨以中国的庄子与惠子之辩来做类比。惠子说，他有大的瓠无地置放，又认为它无用而把它打碎了。庄子说，您有可容五石之瓠，怎么不做一个大樽漂浮于江湖河海之上，反而忧虑它掉落无处放置？接着惠子又说庄子的话就像他的那棵大樽，大而无用，所以为大家所不取。庄子回答说，这棵大树虽无处可用，将它种在广漠之野，斤斧伤不着它，它可以自由生长啊。由此反观人文教育，它在某种意义上也许大而无用，但它又无所不用，这或许就是庄子所说的无用之用的道理吧。

（本文根据发表于《中国外语》2010年第3期的同题文章修改而成）

外语教育的人文之道

《论语》曰："七十而从心所欲不逾矩。"孔子认为，人只有经历了志于学、而立、不惑、知天命和耳顺之后，才能够修炼达到最高的人生境界，随心所欲而不逾矩。今年是新中国成立70周年，恰逢"随心所欲不逾矩"之年。我们的党和国家坚持解放思想、实事求是，开辟了中国特色社会主义道路，取得了世人瞩目的历史性成就。现在我们比历史上任何时期都更接近中华民族伟大复兴的目标，比历史上任何时期都更有信心、更有能力实现这一目标。站在新的历史节点，回看新中国外语教育走过的发展道路，我们不难发现，正是外语学界的同仁始终以敢为人先的勇气和执着追求的坚韧，才不断推动我国外语教育事业发展，从而为中国特色社会主义现代化事业作出了卓著贡献。

一、外语教育与国家命运紧密相连

语言是文化的一面镜子。在全球化时代，人从一出生就注定要与来自世界各个角落的人竞争与合作，在"被国际化"的背景中，只有掌握主动，才能够成为国际化人才，拥有全球胜任力。外语不仅是一门语言，更是一种能力，它赋予人们走向世界、探索未知的勇气，并为他们迎接未来做好准备。

对于一个国家来说，语言能力还是一种全球竞争力。伊拉克战争和"9·11"事件后，美国将国家语言战略的制定和实施放在了非常突出的地位。美国国家外语中心将国家语言能力定义为"国家对特定语言需求的应对能力"。2001年美国《国土安全教育法案》指出，国家外语能力对提高美国的经济竞争力、保障国家安全至关重要；每一个美国人必须具备全球视野，熟悉外国语言、文化和历史。

可见，国家外语能力对于推动社会进步和文化传承，促进经济发展和科技创新，保障国家安全和国际化发展等都具有十分重要的作用。国家外语能力的提升主要依靠外语教育。从这个意义上说，外语教育其实与一个国家的能力和命运是紧密相联的。回顾新中国70年的外语教育，恰好能够说明这一点。

新中国外语教育大致可以分为四个阶段，每个阶段的国家战略不同，外语教育的策略也不一样。第一阶段是新中国成立之初。当时西方大国在外交上对我国采取孤立政策，我国于1950年与苏联签订了友好同盟互助条约，"向苏联学习"成为国策。于是，我国的外语教育主要是俄语教育。当时在全国建立了7所俄文专科学校，开设俄语专业的高校达34所。第二阶段是"文革"十年。我国外语教育遭到严重破坏，外语院系的教学处于停顿状态。直到1971年10月我国在联合国的合法席位得到恢复，1972年美国总统尼克松访华，外语教育才稍有好转，一些大学开始招收工农兵学员学习英语。第三阶段是改革开放时期。随着改革开放的全面展开，外语教育迅速恢复，且蓬勃发展。从1983年起，在外语专业教材编审委员会的指导下，英语组着手制订英语专业基础阶段和高年级两个教学大纲，后经国家教委高教司批准在全国高校实行。1998年，外语专业教学指导委员会提出了《关于外语专业面向21世纪本科教育改革若干意见》的报告，成为新时期外语专业教育改革的指导性文件。2000年制订的《高等学校英语专业英语教学大纲》提出："高等学校英语专业培养具有扎实的英语语言基础和广博的文化知识并能熟练地运用英语在外事、教育、经贸、文化、科技、军事等部门从事翻译、教学、管理、研究等工作的复合型英语人才。"第四阶段是党的十八大以后。习近平总书记在2013年首次提出了构建人类命运共同体的倡议，并于2017年11月写入第72届联大第一委员会决议，2018年3月写入中国宪法，其意义非同寻常。构建人类命运共同体，世界各国应以开放包容、合作共赢的心态谋求共同发展，以不断对话与协商来增加趋同性，以不断完善机制性合作来发挥建设性作用，这就需要一大批卓越的外语复合型人才。受外国语言文学类专业教指委委托，在钟美荪教授、仲伟合教授的领导下，我们组织国内外同仁牵头研制《普通高等学校本科专业类教学质量国家标准（外国语言文学类）》（以下简称《国标》），受到了学界和社会的广泛关注。

育才造士，为国之本。外语教育始终与国家的命运紧密相连。国家越开放自信，外语教育就越受重视和发展。同时，外语教育越发展，就越能促进国家的发展和进步。高校外语教育要主动服务国家发展战略，全面融入高等教育强国建设，大力培养具有全球视野、通晓国际规则、熟练运用外语、精通中外谈判和沟通技巧的高素质国际化专门人才。外语教育要围绕这个目标进一步深化专业教学改革，创新人才培养模式，做强一流专业，建设一流课程，培养一流人才。

二、新时代外语教育面临的机遇与挑战

面向人类命运共同体的外语教育旨在培养具有中国情怀、国际视野和跨文化沟通能力的人。其内容包括两个维度：一是在品格方面，应具有正确的世界观、人生观和价值观，有良好的道德品质和崇高的社会责任感，有开阔的国际视野和深厚的中国情怀，有良好的人文科学素养、开拓创新意识和团队合作精神。二是在能力方面，应具有扎实的外语听说读写译技能和良好的外语综合运用能力，有对不同国家、不同民族、不同文化的感悟能力和进行跨文化交流的能力；不仅要系统掌握语言知识，还需要了解一定的哲学艺术文化知识，以及经济社会发展各领域的专门知识。

新中国成立70年来，我国外语教育在培养德才兼备的外语人才方面取得了显著成绩。但是，反思仍是必要的。在2016年底召开的中国外语教育改革与发展高层论

坛（广州）上，仲伟合提出，我国外语教育存在的问题，一是"外语教学工具理性和市场导向性明显，对外语教育的战略意义认识有限"，二是外语教育"战略规划不足，资源投入不足"；孙有中认为，我们对学生跨文化交际能力和思辨能力培养不够；石坚指出，我国过分突出英语教学的工具性和语言知识技能，忽视能力和综合素养的培养；等等。这些观点虽然尖锐，却反映了我国外语教育存在着重技能轻素质、重专业轻通识、重应用轻文化的现象。

三、基于人文素养的外语教育改革

当今世界正处于大发展大变革大调整时期，习近平总书记直面"人类向何处去"的时代之问，把握世界大势，提出了构建人类命运共同体的倡议。在今后很长一段时期，外语教育工作者应为促进世界各国的平等沟通与合作，开展文明交流与对话，推动构建人类命运共同体而努力。

第一，回归人文教育的学科本位。人文教育与单一的职业或技能教育不同，是不针对任何功利性或实用性目的的教育。从根本上说，外语教育是一种人文教育。人文教育旨在培育人类的信仰、情感、道德和美感，是一种自由全面发展的教育。英语教育不能只顾技能层面的东西，而忽视其人文学科的本质内涵，否则必然造成道不足而器有余的失衡状态，影响完整人格之培养。现代大学致力于"培养良好的社会公民",并最终促进社会的和谐发展。从这种意义上讲,外语教育不仅要致力于人与人之间的相互沟通,尤要培养宏正达通之士,陶冶品学才识健全之士风。1941年,清华大学校长、西南联大校长梅贻琦就为实用主义风潮中的中国高等教育开出了药方,即"通识为本,专识为末"。又说,社会所需要者,通才为大,而专家次之;"所谓大学者,非谓有大楼之谓也,有大师之谓也"。他认为,大学的首要任务不是向学生传授专门的技术知识或职业训练,而是应该给学生自然科学和社会人文科学方面的知识,着力培养学生的宏观主义和自由主义精神。我们可借鉴吴宓先生在1926年代理清华外文系主任时提出的主张,外语教育要把培养博雅的文化人作为目标。

第二,丰富复合型人才的人文内涵。跨学科研究和教育准备是未来竞争力的核心,因为知识创造和创新经常发生在学科的边界。随着"一带一路"倡议和构建人类命运共同体的提出,新时代对外语人才的需求已发生了本质变化,提高人才培养质量、满足多元人才需求已成为现代化建设的迫切要求。从高等教育内部来看,学科专业的综合化趋势也越来越明显,学科专业的自身发展也呼吁打破壁垒,走多学科协同发展之路。大学教育一方面要使受教育者拥有一定的专业知识,成为一个或几个学科领域的专家;另一方面还要使其能够突破学科边界去思考,具有跨学科意识、批判性思维和自由之人格。英国著名哲学家怀特海在谈到教育目的时曾说过,要将学

生的专业知识与文化素养化为一体。"他们的专业知识
为其提供人生起航的基础，他们的文化素养将引领其走
向哲学的深度和艺术的高度。"培养更高质量的复合型
人才，不能把外语仅仅作为一种技能与载体，而要在夯实
外语语言教学的基础之上，强化外语教学作为文化教学
和跨文化教学的学科意识，引进文化和跨文化外语教学
新视角，重视外语语言文化知识的传授，促进高校外语
专业教育的文化转向。

　　第三，坚持外语教学的人文取向。文化是一个民族
真正的灵魂，民族文化又必然顽强地存在于课程之中。
课程在学校履行教育职能和培养学生核心素养过程中
发挥着牵一发而动全身的作用。发挥课程在复合型人才
培养中的核心作用，就要努力让课程体系变得更加健全
完善。2018年1月，教育部颁布的《国标》对如何设置课
程体系提出了两个原则：一是目标导向原则。要求在外国
语言文学教育中合理安排各类课程，既要开设基本技能
课程（听、说、读、写、译）和专业知识课程（文学、语言
学、文化等），又要特别重视开设学习方法、研究方法类
课程，注重培养学习和思维能力。课程要注重提高学生
的文化移情能力，突出"态度"方面的习得。教师则从理
论和实践方面提高学生跨文化交际意识，培养跨文化交
际能力，使其具备国际视野，使学科知识与英语的融合
能够发展他们在专业领域进行国际交流的能力，帮助学
生在跨文化交际中做到随机应变、有理有度、恰如其分。
二是内容驱动原则。要求将课程关注的焦点由语言技能

转移到文化内涵上来，不是为了语言而教语言，而要通过语言习得其文化内涵。外语类专业学生应掌握外国语言知识、外国文学知识、区域与国别知识，熟悉中国语言文化知识，了解相关专业知识，以及人文社会科学与自然科学基础知识，形成跨学科知识结构，体现专业特色。在课程体系设置上，要充分体现课程的复合性，既要有基础技能模块，又要有相关知识模块，还要有综合素养模块。这样，就不仅能够为培养交际技能打下基础，也能突出以言语信息为载体的知识学习，注重人工智能和信息技术在外语教学中的运用，为智慧技能与认知策略的习得打下基础，还能够通过综合模块的融合，进一步提高人文素养和跨文化交流的能力，从而开阔学生的人生视

普通高等学校本科专业类
教学质量国家标准

（上）

教育部高等学校教学指导委员会 编

高等教育出版社

右图
2018 年 1 月，教育部颁布了《普通高等学校本科专业类教学质量国家标准（外国语言文学类）》

野,拓宽心智空间,陶冶人文精神,有意识地提高多种思维能力,养成独立性、能动性、创新性和团队合作精神。

第四,主动服务国家经济社会发展。纳尔逊·曼德拉曾说:"若你用一个人能理解的语言与他交谈,可以传递至他的大脑;若你用一个人的母语与他交谈,可以传递至他的心灵。"[1]推进"一带一路"建设过程中,民心相通尤为重要。"民心相通"的基础是不同语言文化的相互交流、相互理解和相互融合。以湖南师范大学为例,我们紧扣"一带一路"倡议,努力办好英语、俄语、日语、朝鲜语、法语、德语、西班牙语、葡萄牙语、阿拉伯语、波斯语、乌尔都语等外语专业,为"一带一路"建设输送高素质外语人才;同时,为加强跨文化及国别与区域等问题研究,我们又建有美国、俄罗斯、东北亚三家教育部国别与区域研究备案中心、5个省级研究机构和智库,入选中联部"金砖国家智库合作中方理事会"和"一带一路智库合作联盟理事会"成员单位。目前,"东北亚研究中心"已成为国内研究朝鲜半岛安全、中朝关系问题最有影响的智库之一。夯实传播能力的基础在于外语教育和翻译。为有效推进中国文化对外传播,我们与俄罗斯喀山联邦大学、美国南犹他大学和韩国圆光大学合作建立了3所孔子学院;经国务院侨办批准,设立了华文教育基地;经国家新闻出版广电总局批准,创办了《外国语言与文化》中英文两种期刊;出版了"湖湘文化与世界"系列丛书,

1 沈骑. 语言能力建设是"一带一路"的基础性工作 [EB/OL]. [2017-05-08]. http://theory.gmw.cn/2017-05-08/content.24410855.htm

承担了多项中华学术外译项目；等等。我们希望通过讲好中国故事，传播好中国声音，为中国文化"走出去工程"作出应有的努力和贡献。我们高举教师教育大旗，不断健全完善卓越外语复合型人才培养体系，成立语言与文化研究院，融合中国语言文学、哲学、中国史等学科资源，在外语教育中融入中华优秀传统文化和社会主义核心价值观。

总的来说，新时代构建人类命运共同体的伟大战略为我国外语教育发展提供了新机遇，提出了新要求。推进我国英语教育发展，必须遵循英语教育的内在规律，回归人文教育的本质，彰显新时代的理念，在保持英语语言专业教育的同时，积极顺应经济社会发展和构建人类命运共同体对英语人才的新需求。我们要通过语言与文化的教育，不仅促进人的自由全面和谐发展，还要促进中国文化和中华文明兼收并蓄，吐故纳新。

［本文根据发表于王定华、曾天山主编的《民族复兴的强音——新中国外语教育70年》（外语教学与研究出版社，2019年8月）一书中的同题文章修改而成］

加强研究生人文教育之我见

一、研究生人文教育的必要性

"人文"一词起源于拉丁文"Humanitas"，意指人性和教养。中国古人常以"人文"指代人伦之事、为人之道、道德规范等。人文教育是指以主体、情意和精神世界为主旨的，促使人的潜能发挥和人的价值实现的教育过程。

当今学术界对于"人文教育"的内涵存有不同认知。有学者认为"人文教育"就是指"文学、史学、哲学基础科学以及语言和艺术学科的教育"；[1]有人认为"人文教育是人性化教育，是通过人文的濡染与涵化，从而使人学会做人的教育形式"；[2]有人认为人文教育是关于"成人"的教育，它的实质是人性教育，核心是涵养人文精神，其核心学科是文、史、哲、艺等人文类学科；[3]还有学者认为，"人文教育是指弘扬人性，强调人文精神的教育"。[4]综观上述观点，本人认为，人文教育是关于文化和人性的教育，旨在提高人性境界，塑造理想人格，其主要特征是

1　张岂之. 论大学人文教育与人文学术研究 [J]. 中国高等教育，2000（17）.

2　邹诗鹏. 人文教育怎样才能成为"做人之学" [J]. 高等教育研究，2000（4）.

3　文辅相. 我对人文教育的理解 [J]. 中国大学教学，2004（9）.

4　杜时忠. 人文教育及其相关概念辨析 [J]. 教育研究与实验，1995（4）.

凝练人文精神，锻造人文素质，陶冶人文素养，提高文化品位，以及在培养教育过程中体现人文精神。正如有学者指出的，"在知识的传授和技能的习得之外，教育离不开人文素质的提升、人文情怀的养成、人文关怀意识的自觉"[1]。

"大学不单纯是一个教学与研究中心。它还是一个学术进步的中心。在学术进步的思想中有一个内在的理想。这是一种由理解所阐明的生命理想。"[2]这里所说的生命理想就体现在人类同伴和生命目的的关系之上，体现为一种人文精神和情怀。[3]研究生教育是培养高层次人才的主要途径，是国家创新体系的重要组成部分，承担着"高端人才供给"和"科学技术创新"的双重使命。重视开展研究生人文教育，将其与科学教育、专业教育和职业教育共同推进，对于培养具有坚定理想信念、高尚道德情操、高度社会责任感、强烈创新精神、精深专业素养和开阔国际视野的高层次专门人才有着重要的现实意义。针对大学创新人才培养能力的提升，2016年3月发布的《中华人民共和国国民经济和社会发展第十三个五年规划纲要》就明确提出"改革人才培养机制，实行学术人才和应用人才分类、通识教育和专业教育相结合的培养制度，强化实践教学，着力培养学生创意创新创业能

1 于慈江. 我所理解的通识教育与人文教育 [J]. 群言，2018（2）.

2 希尔斯. 学术的秩序——当代大学文集 [M]. 北京：商务印书馆，2007：116.

3 蒋洪新. 大学的意义 [M]. 北京：外语教学与研究出版社，2017.

力"。[1]这种创意创新能力的培养，很大程度上有赖于人文教育的有效开展。

　　其一，研究生教育规模的扩大对人文教育提出了更高要求。党的十八大以来，伴随着经济持续向好，社会对高端人才的需求不断提升。我国的研究生培养能力显著增强，教学科研成果数量与质量全面提升。根据全国学位与研究生教育质量平台2017年3月的数据，我国现有学术学位授权点11,751个，其中博士学位授权一级学科点（简称博一点）2991个，博士学位授权二级学科点（简称博士点）535个，硕士学位授权一级学科点5623个（简称硕一点），硕士学位授权二级学科点2602个（简称硕士点）。2016年我国在校研究生人数达198.11万，授予博士、硕士学位人数达56.39万，分别比2012年增长15%和16%，

1　中华人民共和国国民经济和社会发展第十三个五年规划纲要 [M]. 北京：人民出版社，2016.

已成为世界排名第二的研究生教育大国。[1]数量的突破、招生规模的扩大，对研究生教育质量特别是人文素养提出了更高的要求。从实际情况看，我国研究生人文教育依旧存在认识不全面、定位不清晰等问题，形势不容乐观。我们呼吁加强研究生人文教育，就是要通过强化研究生文学、历史、哲学、艺术等人文社会科学方面的教育，同时加强文科学生自然科学方面的教育，以提高研究生的文化品位、审美情趣和科学素养。

其二，研究生课程改革需要人文教育提供坚实保障。课程学习是我国研究生教育制度的重要特征，是保障研究生培养质量的必备环节，在研究生成长成才中具有全面、综合和基础性作用。[2]随着学科发展愈发精细，科学与社会的发展越来越需要通识之才，在这一趋势下，研究生课程需要改变专业知识传授偏多、人文教育偏少的局面，要牢固树立科学人文主义教育理念，通过开设通识课程、注重在专业技能教学中渗透人文教育、搭建多渠道的育人平台等途径推动人文教育落到实处。中科院院士杨叔子指出："没有人文的科学是残缺的科学，而没有科学的人文是残缺的人文。"[3]实际上，世界上著名的大学都十分重视人文学科，人文学科甚至是大学的热门学科。以耶鲁大学为例，在过去25年里，历史一直是头

1　王茹、崔丹.我国学术学位授权审核的发展过程[J].教育教学论坛.2017(42).

2　教育部关于改进和加强研究生课程建设的意见[EB/OL].http://old.moe.gov.cn//publicfiles/business/htmlfiles/moe/s7065/201501/182992.html.

3　杨叔子.科学人文 和而不同[N].新华文摘.2002（9）.

号热门专业。耶鲁大学的经济学，是高度理论化的人文学科，不是实用学科。以清华大学经管学院为例，"打开这所拥有最热门专业的学院的本科课程表，更是让人瞠目结舌——140个总学分中，专业课只有50个学分，通识课高达70个学分，另20个学分是任选课"。[1]对此，钱颖一先生调侃道："你还能找出比我们学院更'功利'的领域吗？但恰恰是在这个最'功利'的学院，我们在推行最不'功利'的教育。"[2]

其三，研究生的个人成长需要人文教育发挥积极引导作用。过去我们把研究生教育定位为精英教育，培养的是未来的领袖。现在，随着经济社会发展，研究生头顶的这束光环不在了。他们可能还承受着就业、学业、经济、心理等多重压力，在性格、心智、素养、知识和能力等方面存在诸多困惑与难题。在这种情况下，人文素养与人文精神的教育是不可缺少的。攻读博士硕士学位的最基本目标，是发现自己，认识世界，反省人类最基本的价值。正如西方学者胡森（Torsten Husén）在论述大学教育的任务时指出的："在一个迅速变化的社会中，个别的本事很容易过时，无论是政府机构或是私人公司都认识到使用受过良好教育的通才是有益的，这些通才受过训

1　在最"功利"学院做最不"功利"的改革 [N]. 中国青年报. 2017-04-25.

2　于慈江. 我所理解的通识教育与人文教育 [J]. 群言. 2018（2）.

练能够使用分析的办法来解决问题。"[1]从根本上说，人文教育有助于深化研究生对于生命意义、人的价值的洞察思考，从而使他们的精神、情感和心灵世界得到完善、发展和升华。

二、我国研究生人文教育的现状分析

自1981年实施学位制度以来，我国研究生教育得到了快速发展，但同时也面临着挑战：第一，大众化带来的质量疑虑。过去的研究生教育是精英教育中的精英教育，现在则不然。随着我国研究生数量的不断增长，研究生教育覆盖面日渐增大，这在一定程度上给高校教育教学带来了新的压力，研究生培养质量面临考验。第二，生源面临低质化风险。近年来高校获批的培养研究生的学位点日益增多，极大激发了一批本科生、专科生通过考研提升学历的积极性，加之研究生招生总体规模的扩大，降低录取标准在所难免，这在客观上造成部分高校研究生生源质量参差不齐。第三，研究生个人情况复杂化。相比本科生，研究生面临着学业、就业、家庭、生活等多重实际问题，又处在价值观、人生观基本形成时期，情况相对复杂，问题来源多元，亟须加以关注引导。

当前，我国研究生的培养过程主要分为基础课程教

1 HUSÉN T. The idea of the university: Changing roles, current crisis and future challenges [A]//MORSY Z, ALTBACH P. Higher education in an international perspective: Critical Issues [C]. UNESCO: International Bureau of Education, 1996: 17.

学环节、专业学习与研究环节，以及学位论文写作环节三个阶段。对研究生的人文教育，也是分别从这三个阶段加以推进的。

其一，基础课程教学环节是研究生阶段弥补自身在本科时期人文社会科学知识不足的最佳时机。该阶段的课程设置中有部分公共课，如思想政治理论课。此外，部分高校根据专业性质选择性地增加了哲学和人文社会科学类的课程。这对于学生提升认识能力、调整思维方式、增强人文认知有一定促进作用。基础教育阶段的人文素养教育对于改变学生重科学知识、轻人文素养倾向，以及转变学生固化的专业思维惯性有较大的帮助。

其二，专业学习与研究环节主要是在科学研究中开展人文教育。目前，我国高校的研究生教育以导师制为主，对研究生人文素养的培育主要靠导师引导。这一阶段导师除了帮助学生确定科研方向和选题、选择研究方法之外，更重要的是要在培育学生的科学精神上下功夫，将怀疑的意识、批判的理性和谦恭的态度潜移默化地传输给学生，发现和挖掘学生身上的人文素养，让学生自觉地将人文素养运用到科研过程中。很多国内高校导师在指导学生过程中，都注重鼓励学生对原有认识结论和理论抱着怀疑和审视的态度，理性地考察和批判可能存在的问题，发现新知识，形成新方法，培养学生谦虚谨慎和敢于创新的学习与研究精神。

其三，学位论文写作环节主要是在写作过程中进行人文教育。学位论文的写作过程，实际上也是研究生人文素养自我培育的过程。经过前期课堂教育和导师指导阶段，人文知识、科学精神日益融入研究过程中，成为科学研究成果的有机构成部分。在学位论文写作阶段，人文教育主要表现为内在、外在两种形式，内在体现在提升学生整体素质中的人文素养，外在表露于学生言行举止之中。其中最重要的表现形式就是通过科研过程及科研结果得以体现。[1]

尽管我国高校在开展研究生教育时注重人文精神的渗透，但总体效果并不明显，主要体现在三个方面：第一，人文素养类课程开设不足。目前，国内大多数高校在研究生阶段开设的人文素养类课程较少，不少学校开设的课程背离人才培养需求，忽视了人文教育与人文素养的提升。第二，导师人文教育工作相对薄弱。导师不仅是研究生学术与知识的引导者，更是生活上的引路人。但是，教学、科研等工作压力使得不少导师过于偏重开展学术研究，较少关注学生心理、生活等层面的需求；个别导师甚至在师德师风方面存在问题，无法承担为人师表、教书育人的使命。第三，学生人文素养有待提升。研究生面临着学业、就业、生活等多方面压力，在高强度的精神压力下，容易忽视人文意识的强化与自觉。这种忽

<hr>

1　肖媛.人文素养培育是硕士研究生教育的重要环节——基于江苏省部分高校硕士研究生人文素养及其培育状况调查的研究 [J].河北经贸大学学报（综合版），2014（3）.

视，容易导致价值判断标准单一，对自身成长、生命体验产生一定的消极影响。

三、切实加强研究生人文教育的对策建议

大力培养高素质创新人才，必须在对研究生进行专业知识教育的同时，切实加强人文教育，提升研究生的人文精神与气质。具体来说，就是要牢固树立三种意识，即树立课程意识、导师意识和自我意识，同时着力从培养目标、经典阅读、课堂教学、师生关系等四个方面笃定推进。

牢固树立三种意识，首先要树立以课程为核心的意识。一门好的课程不仅可以塑造一个人的心灵，还可以塑造一个民族的性格。[1]有两个方面的工作显得特别重要：一方面要增加人文课程数量，优化课程结构体系。"只有合理设置研究生课程体系，才有可能使研究生具有合理的知识结构，才有可能在课程学习过程中激发研究生的创新意识与创新能力"。[2]另一方面要注重教学过程渗透，挖掘专业课程的人文素养培育功能。任何一门专业课程和知识，都是由人创造的，其中必定渗透人类文明和人文素养。[3]"就地取材，从专业课程中直接发现其中包

1　蒋洪新.大学的意义[M].北京：外语教学与研究出版社，2017.

2　陈花玲、仇国芳、王俐等.改革研究生课程体系培养研究生创新能力[J].学位与研究生教育.2005（6）.

3　陈继会、汪永成.守道：研究生人文素养教育与培养[J].郑州：大象出版社，2014.

含的人文素养并加以学习利用"，应成为在学科教学中进行人文教育的主要渠道。对于每一科课程而言，要在教学中不断渗透，让教学既有"承载学科"，又有"寄载学科"。其次，要树立导师是关键的意识。加强研究生人文教育，离不开一支有理想信念，有道德情操，有扎实学识，有仁爱之心的研究生导师队伍。研究生指导教师不仅要对学生进行知识引领，更要履行育人以德的使命。近年来，国家出台了《关于全面落实研究生导师立德树人职责的意见》等指导性文件，阐释了研究生导师立德树人职责的指导思想和总体要求，明确了研究生导师的基本素质要求和立德树人职责。它要求导师秉承一切为了学生的理念，拓宽师生间交往互动领域，营造开放多元的交流氛围，处理好人文教育与专业教育的关系。最后，要充分认识到自我培养的重要性，树立自我教育是根本的意识。研究生应认识到研究生教育是高层次、高水准的教育，这个层次与水准不只在于知识水平的进一步提高，更在于个人的全面发展、全面提高。因此，研究生要充分利用人文教育进行自我培养、自我提升，既做"才子"，又能做"全才"，将科研与人文教育相结合，在课业研究中提升自身人文修养，真正实现知行合一。

光树立三种意识仍是不够的，在研究生教育教学过程中，还必须全面聚焦以下四个着力点：

其一，在培养目标中贯穿人文教育的理念。人文教育是民族文化的集中体现，是国家、民族精神的延续，也是社会发展、社会价值走向的引导者。大学人文教育必须将整个学术系统视为整体，实现各领域各科目的融会贯通。近年来，我国研究生教育愈发注重培育人文素质和道德情操，从顶层设计入手，将人文情怀养成和学术理想树立纳入培养标准、方案，强化对德智体、中西文化素养和治学态度等的培育。只有将人文教育与专业教育相结合，渗透于研究生学术实践之中，进而影响其学术态度、学术能力，才能最终推动研究生教育朝着人的全面发展这一目标迈进。

其二，在经典阅读中融入人文教育的内容。经典阅读是涵养性情、激励气节的有效途径，大学的诞生正是源于经典阅读活动。研究生较本科生而言，已经具有相当丰富的社会阅历，通过经典阅读可以深刻领会著作中蕴含的人生智慧、思想光芒。

20世纪中叶，美国高校掀起了通识教育的浪潮。阅读经典著作成为通识教育的主要做法，不少大学将相关课程命名为"Past Great Words"，这一举措重塑了大学的阅读系统。如今，国内部分高校陆续为研究生列出了经典必读和选读书目，其中就包含了人文素养类经典书目。除此以外，还应借助读书沙龙、主题征文等渠道，积极推动书本阅读与自主实践相互印证、相互促进，将人文教育融入经典阅读之中。

其三，在课堂教学中建构人文教育的范式。一流的人文教育需要一流的课堂教学。课堂教学是学校教育的主要形式，在课堂教学中倡导并融入人文教育可行且必要。当下，越来越多的国内高校认同并践行着人文教育理念，启动核心课程、通识课程建设，开设多种类型的跨学科、多学科课程，努力发挥课堂教育这一主渠道的育人优势。在加强学术训练各环节教育、训练的同时，应借助学术讲座、社团活动、社会实践等活动，弘扬和传播中华传统文化、社会主义核心价值观等先进文化价值理念，让研究生教育不断焕发出勃勃生机。与此同时，还应通过学术活动、专业实践等丰富的第二课堂活动，将做人和治学教育有机统一，为每位学生人文素养的培育创造多种途径。

其四，在师生关系中融入人文教育的灵魂。梅贻琦先生在《大学一解》中指出："学校犹水也，师生犹鱼也，其行动如游泳也。大鱼前导，小鱼尾随，是从游也，从游既久，其濡染观摩之效，自不求而至，不为而成。"[1]大学，从其本来意义上讲，就是教师和学生的共同体。导师和研究生作为研究生教育的主体，共生于弥漫着人文精神的大学，思想碰撞和情感交流构成其精神生命强大的场域，见证了师生对生命意义生成及其价值增值的自觉。[2]实现人文教育理想，关键在于师生心中是否有"人"，是否形成"良师益友"的新型关系——教师要与学生亲密相处，帮助学生实现个人思想和道德的完善，

1 邹敏.高校人力资源研究 [M].重庆：西南交通大学出版社，2004.

2 肖凤翔.博士生教育：人文情怀孕育学术理想 [N].中国教育报，2014-11-13.

促使学生因充满人文精神而生发人文情怀, 实现人生的飞跃。这就需要导师在研究生教育中, 依据专业培养计划, 结合学生特点, 设计和规划研究生的具体教育方案, 规划并指导研究生专业学术发展, 强化师生之间的多向互动, 营造良好的交流情境。

教育的成功到底是什么? 社会上的流行说法是, 让受教育的孩子成为拥有专业知识和优长的人。但是, 专业知识和技能的获得真能成为衡量教育成功的唯一标准吗? 答案当然是不能, 或者说至少在某些方面不能。在新的历史阶段和背景下, 尤其是面对培养高素质创新人才的现实需求, 高校研究生教育要更加注重人文教育。我们认为, 教育的成功实际上是"人"的成功。我们需要的研究生教育, 不仅仅是传授丰富知识的专业教育, 更是旨在培养崇高人性境界和理想人格的人文教育。只有将专业教育与人文教育相结合, 实现同向发力, 相互促进, 才称得上是完整的研究生教育。我们当为此不懈努力。

（本文发表于《学位与研究生教育》2018年第5期）

全人教育与个性学习

——《普通高等学校本科专业类教学质量国家标准（外国语言文学类）》课程体系的研制与思考

1.引言

课程在学校履行教育职能和培养学生核心素养的过程中发挥着牵一发而动全身的作用。广义而言，课程是个集合概念，是"为实现学校教育目标而选择的教育内容的综合"。[1]从功能角度而言，"课程，是教育系统中处于核心地位的子系统，因为它是教育目标的主要载体，学生知识的主要源泉，师生关系的主要中介"。[2]大学应当发挥课程在人才培养中的核心作用，努力让课程体系更加健全。我国英语专业课程体系从最早的京师同文馆时期至今，历经清末、民国、新中国成立初期和改革开放等不同时期，不断发展，不断变革。[3]即将发布的《普通高等学校本科专业类教学质量国家标准（外国语言文学类）》（以下简称《国标》）在实施方案中推出了最新的英语专

---

1 王俊菊.英语专业本科国家标准课程体系构想——历史沿革与现实思考 [J].现代外语 2015（1）：121-130.

2 潘懋元.序 [A].载张坵福（编），大学课程论 [C].南京：江苏教育出版社，1992：1-4.

3 我国英语专业课程体系历史沿革详情参见王俊菊（2015）见 17。

业课程体系。本文对英语专业《国标》课程体系的研制情况进行说明，并提出全人教育和个性化学习的主张。

2.英语专业《国标》课程体系改革的依据

课程体系改革不能一蹴而就，更不能随心所欲，必须具体问题具体分析，找出改革的依据，并遵循一定的规律，妥善取舍，合理建构，方能制定出科学的课程体系。

2.1 专业之失

德国哲学家雅斯贝尔斯（Karl Theodor Jaspers）[1]认为，教育即"生成"，教育是人的灵魂的教育，其目标是培养全人。《教育部关于全面提高高等教育质量的若干意见》第三条明确指出，"把促进人的全面发展和适应社会需要作为衡量人才培养水平的根本标准"。综而言之，教育的目的就在于为"每个人全面而自由的发展"[2]提供可能性。然而，作为大学教育一部分的英语专业教育，因本质属性定位未得到足够重视和理性分析，在专业知识上出现了偏差。

洋务运动时期，英语教学较为强调其技能属性并注重与其他专业知识的结合；民国时期，英语专业的人文学

1 雅斯贝尔斯.什么是教育 [M].邹进译.上海：三联书店，1991.

2 马克思.资本论（第 1 卷）[M].北京：人民出版社，1975.

科属性得到了一定程度的重视；此后，我国的英语专业教育又回归了对技能属性的强调，以培养英语听说读写译五项技能为主要教学目的。2000年《高等学校英语专业英语教学大纲》的出台，标志着英语专业进入到以培养复合型（英语能力＋某种专业知识）人才为目标的阶段。该大纲明确指出，"从根本上来讲，外语是一种技能，一种载体；只有当外语与某一被载体相结合，才能形成专业"。从某种意义上说，英语专业成了一种只强调技能的"附着性"专业，缺失了英语专业本有的主体性。

在培养复合型人才的框架下，现有课程体系中英语专业技能课程板块比重偏大，远远超过总学分的50%，因此，英语专业毕业生与非英语专业毕业生相比，虽有外语和跨文化交际能力之优势，但偏于技能、失于思辨。[1]由此可见，客观准确地定位英语专业属性，科学合理地设置课程体系是改革的关键所在。

2.2 时代之需

随着经济全球化趋势的进一步扩大、"一带一路"倡议和中国文化走出去等国家战略的实施，21世纪对英

1 黄源深. 思辨缺席 [J]. 外语与外语教学. 1998（7）: 18-19. 黄源深. 英语专业课程必须彻底改革——再谈"思辨缺席" [J]. 外语界. 2010（1）: 11-16. 文秋芳、王海妹、王建卿、赵彩然, 刘艳萍. 我国英语专业与其他文科类大学生思辨能力的对比研究 [J]. 外语教学与研究, 2010（5）: 350-355. 孙有中. 突出思辨能力培养. 将英语专业教学改革引向深入 [J]. 中国外语, 2011（3）: 49-58.

语专业人才的需求已发生了本质变化，提高人才培养质量、满足多元人才需求已成为我国高等教育的主流呼声。《国家中长期教育改革和发展规划纲要2010-2020年》明确指出："树立全面发展观念，努力造就德智体美全面发展的高素质人才。树立人人成才观念，面向全体学生，促进学生成长成才。树立多样化人才观念，尊重个人选择，鼓励个性发展，不拘一格培养人才。"《教育部关于全面提高高等教育质量的若干意见》也强调，高校应"走以质量提升为核心的内涵式发展道路"，"办出特色，克服同质化倾向"。目前我国有近千所高校开设英语专业，每年毕业生高达10万人以上，但培养规格基本一致，就业去向基本相同，个人竞争能力不强。外语界许多专家学者已经注意到英语专业人才产出与社会需求、规模发展与质量下滑这两组矛盾，并提出应对策略。例如，2013年召开的"全国高校英语专业教学改革与发展学术研讨会"就提出"基于多元人才观，探索英语类专业教学改革与创新"的改革思路，肯定了多元人才培养趋势和模式。而要进行多元化的人才培养，课程体系必须有相应的变革。

3.《国标》课程体系改革的理念与原则

从专业之失和时代之需，可以看出英语专业课程体系改革的迫切性，也明确了英语专业课程体系改革的理念和原则。

3.1 理念

对于英语专业课程体系改革而言，科学的理念是要做到尊重事实，因时制宜，坚持人文教育理念和多元人才观。

第一，坚持人文教育（Liberal Education）理念。人文教育是教育的灵魂，其核心是涵养人文精神，表现为信仰、道德、气质、修养等各方面的素养提升。良好的人文教育不仅使一个人心灵充实、情感向上，更有助于其通过自我体悟实现人与自然、人与社会、人与人自身的和谐发展。

人文教育理念包含两个层面的内涵。首先，英语专业的本质内涵是人文科学。《国标》根据国务院学位委员会与教育部颁布的《学位授予和人才培养学科目录（2011年）》明确指出，"英语专业属于外国语言文学类专业，隶属文学门类"，这实际上确立了英语专业的人文科学范畴。而"人文科学是研究人类的信仰、情感、道德和美感等的各门科学的总称"，"包括语言学、文学、哲学、考古学、艺术学"。[1] 人文科学培养目标并不满足于培养市场经济条件下的某种专业技能人才，而是旨在培养完全的人。英语专业如果只顾英语技能层面的东西，而忽视其人文学科的本质内涵，势必造成道不足而器有余的失衡状态，影响人才培养。因此，人文教育理念是英语专业课程体系改革必须坚持的理念。

1　《中国大百科全书》总编委会（编）. 中国大百科全书（简明版）第7卷 [Z]. 北京：中国大百科全书出版社，1998.

其次，高等教育自身有较为完整的层次系统，不同层次的高等教育有不同的教育目标和社会责任。大学本科教育与职业技术教育有不同的目标：一个是为社会培养精英人才，培养"自由而全面发展"的人，解决道之源的问题；一个是为社会培养技术人才，解决器之源的问题。其出发点也不尽相同。英语专业本科教育不是职业技术教育，不能全然以就业为导向，而应以人文教育为导向，彰显大学本科办学理想。"'宽大自由教育'[1]之目的不仅在训练一技之长，而尤在养成宏正通达之士；不仅在传授知识技能，而尤在陶冶品学才识具备之完人与培养健全之士风。此非谓大学生可不具备专门职业之知识与技能，但以此为未足"。[2]耶鲁大学前校长理查德·莱文（Richard C. Levin）在2010年接受《大学》杂志采访时就说过，"学习掌握某一门具体的专业知识——获取'装备'，在当今快速变化的世界，已经远远不够了"。[3]

因此，无论从英语专业的学科属性，还是从大学本科教育的总体要求看，英语专业教育都应该坚持人文教育理念。

1 蒋洪新. 人文教育与高校英语专业建设 [J]. 《中国外语》. 2010（3）：10-13. 18.

2 朱光潜. 文学院 [A]. 载杨东平（编）. 《大学精神》[C]. 上海：文汇出版社. 2003：158-167.

3 何姝. 世界一流大学的精神与气质——访耶鲁大学校长 Richard Levin[J]. 大学（学术版）. 2010（6）：4-13.

第二，坚持多元人才观。加德纳（Gardner H.）[1]提出的多元智能理论，既肯定了除语言智能和数学逻辑智能之外的其他智能的存在，又肯定了个体智能的差异性，也是对多元人才观的肯定。英语专业作为人文科学，具备独立而完整的知识体系，可以衍生不同专业方向，如语言、文学、文化、翻译，以及英语教育等。也就是说，从知识结构上来说，英语专业人才也应该是多元的。多元人才培养既是现实的需求，也是唯一可行的途径。多元人才观已是英语教育界的共识，也是英语专业本科教育国家质量标准的逻辑起点。

3.2 原则

原则就是尺度和标准，确定课程体系设置的原则，就是设定衡量各门课程优劣的尺度和标准。

首先，坚持目标导向原则。课程体系是人才培养目标实现的主要途径和基本保障，必须切合人才培养目标的需求，坚持目标导向原则，方能确保课程体系设置的科学性。坚持目标导向原则，就是要合理安排基本技能课程、专业知识课程与学习研究方法课程三者的课时、学分比例，全面培养学生的素质和能力，让学生习得专业知识。既要开设基本技能课程（听、说、读、写、译）和专业知识课程（文学、语言学、文化等），又要特别重视开设学习方法、研究方法类课程，如开设社会语言学、测试学、话

---

1 Gardner,H. *Frames of Mind: The Theory of Multiple Intelligences* [M]. New York: Basic Books, 1983: 2011.

语分析、定量与定性研究方法入门、西方文论、文学批评入门、文化研究理论与方法等，以加强学习方法、思维方法、学习能力、思维能力的训练和培养。一句话，通识或全人教育是此次课程体系改革的第一大原则。

其次，坚持内容驱动原则。斯瑞克（Stryker S.）和利弗（B. Leaver）[1]指出，"语言发展既不能被忽视，也不能想当然"。以技能训练为主导的传统课程已经被证实不能满足现代人才培养的需求，关注课程内容，围绕学习的内容或信息来组织教学（content-based instruction）方能达到应有的效果。因为，"只有将语言用作获取信息的手段而不是作为语言自身的目的时，我们学习第二语言才更加成功"。[2]他们还指出，"用第二语言教授有意义的学科内容可以促进学生同时掌握语言和内容"。[3]英语专业教学应该由语言所承载的内容来驱动，教学内容可以是有利于学生思考并挑战学生认知水平的教学材料，也可以是超越目的语或目的语文化的教学材料。[4]我们必须

1 Stryker, S. & B. Leaver (eds). *Content-based Instruction in Foreign Language Education Models and Methods* [C]. Washington, D.C.: Georgetown University Press, 1997: 6.

2 Richards, J. & T. Rogers. *Approaches and Methods in Language Teaching* [M]. Cambridge: CUP, 2001: 209.

3 Stryker, S. & B. Leaver (eds). *Content-based Instruction in Foreign Language Education Models and Methods* [C]. Washington, D.C.: Georgetown University Press, 1997: 6.

4 Met, M. *Content-based instruction: Defining terms, making decisions* [EB/OL].http://www. carla.umn.edu/cobaltt/modules/principles/decisions.html(accessed 3/19/2017),1999.

放弃传统的以语言自身为驱动的做法,将课程关注的焦点转移到学科知识和文化内涵上来,不能为语言而教语言,而是让掌握语言和掌握文化知识形成良好的互动,在扩充学生知识和提高学生认知水平的同时,更加事半功倍地开展英语专业教学。因此,改变传统以语言技能为驱动的做法,强调知识和内涵,是课程改革须遵循的第二大原则。

4. 英语专业《国标》课程体系的研制过程与体系建构

此次《国标》课程体系的研制经历了漫长的过程,既有广泛深入的调研,又有严密充分的论证;既有对东西名校课程体系的借鉴,又有对中外著名专家的咨询。博采众长,方成体系。

4.1 研制过程

2013年10月,高等学校英语专业教学指导分委员会成立了《国标》起草工作委员会,由仲伟合教授和蒋洪新教授总负责,并设立了专门的《国标》课程体系研制工作小组,相关工作正式启动。

整个研制过程共分三个阶段进行:第一阶段是框架论证,对教育部和相关专业标准的参考框架进行论证和修订说明;第二阶段是初稿撰写,初稿撰写采用例会制,按照分工合作的方式进行；第三阶段是研讨论证，共召开7次全国性会议，修改36稿，并开展课程调研。本着科学严谨的态度、集成创新的思路，工作组在研制过程中先后向国内外数十位专家征求了意见。同时，在专业教学指导委员会的指导下，湖南师范大学专题调研组在世界范围内进行了调研，包括英国、加拿大等英语国家，日本、韩国等以英语为外语的邻国，中国台湾、香港、澳门等和我们属同一母语体系的地区。《国标》起草小组参考了众多国内外文献，其中包括国内各种规划纲要、高教三十条、教学大纲、评估方案等，国外的欧洲共同语言参考框架、加拿大英语标准等，以及各类专著论文。同时还借鉴了哲学类、法学类、历史学类等专业国家标准，也参考了工程专业、法律专业、历史专业等相关专业的标准，反复论证，数易其稿，才形成最后的《国标》（送审稿）。

4.2 体系架构

在新的理念和原则的指引下，英语专业《国标》课程体系按照确保"一个彰显"，突出"两个体现"，融通"三个一体"，完善"四个结合"的思路进行构建。确保"一个彰显"，就是英语专业课程体系设置始终围绕英语专业的本质属性做文章，彰显英语专业的人文科学特征，坚持人文教育理念，培养全面发展的人；突出"两个体现"，就是英语专业课程体系的设置既要体现国家关于高等教育的方针政策，又要体现大学生英语专业课程学习的发展规律；融通"三个一体"，指课程体系设置须融高等教育理论与英语学科教学理论为一体, 融传统的英语学科教学理论与现代英语学科教学理论为一体, 融英语专业"教程"与"学程"为一体, 即融知识传授与能力和素质提高为一体; 完善"四个结合", 是指将人文科学与专业特色相结合(公共课程注重通识教育, 专业课程注重专业知识和综合语言运用能力的教学, 同时开设研究理论与方法基础课程)、核心课程和方向课程相结合(核心课程确保学科专业特色, 方向课程为各高校开设特色课程保留空间)、课堂教学与课外实践相结合(提升实践教学环节比重, 强调通过多种形式的课外实践活动培养学生的实践和创新能力)、传承经典与创新应用相结合(保留经典的传统课程, 开发新课程和新教材, 改革毕业论文或设计)。基于以上思路,《国标》课程体系的设置, 采用在同一学程内, 同时安排多种课程的"多科并进直线方式"编排。这样编排课程, 内容多样而且交叉进行, 以多样化激发学生的兴趣和积极性。虽然从总体上看是多科并进, 但每门课程仍然可以直线进行, 并不失去系统连贯性, 而且几门课程之间交叉进行还可以相互发生迁移作用, 相互促进。

具体而言,《国标》英语专业本科课程体系总学分要求为150至180学分, 分为公共课程(20%-30%)、专业核心课程(20%-40%)、专业方向课程(20%-30%)、实践环节(15%)和毕业论文(3%)五大板块(详见下页图)。其中, 公共课程由教育部统一规定和学校自主设置的课程构成, 一般包括思想政治理论、信息技术、体育与健康、军事理论与训练、人文与社会科学、自然科学等方

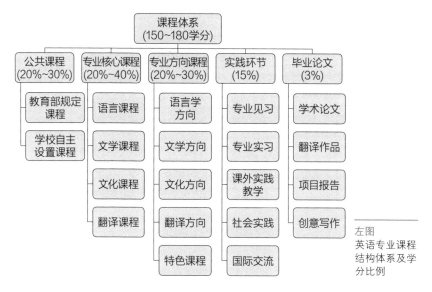

面的课程,旨在加强思想政治教育,促进身心健康,丰富
跨学科知识,提升综合素质;专业核心课程分为英语听、
说、读、写、译,以及第二外语等语言技能课程和英语语
言、英语文学、英语国家的社会文化等专业知识课程,旨
在训练语言基本功,提升专业素养;专业方向课程分为
语言学、文学、文化、翻译、英语教育和其他方向课程,
包括各方向的知识课程、研究方法课程,以及学校的特
色课程,旨在拓宽学生的学习领域,培养学生的研究能
力,凸显学校的人才培养特色;实践教学环节主要包括
专业见习与实习、课外实践教学、社会实践活动、国际交
流等,旨在培养学生的实践能力和创新能力,帮助学生了
解民情和国情,开阔国际视野;毕业论文(设计)是培养
和检验学生的学术研究能力的重要手段,可采用学术论
文、翻译作品、项目报告、创意写作等多种形式。

对以上课程体系设置，有三个问题需要特别说明：首先，增设"英语教育课程"主要是考虑到全国有许多师范院校（或由师专升本的高校），它们的课程设置还保持着师范的传统；其次，增设"其他方向课程"主要为各高校发挥学校的特色和优势提供平台，同时也方便已经开设了《2000大纲》中建议的"相关知识课程"的高校继续保持自身的传统；最后，设置方向明确的模块课程，有利于学生根据自己专业兴趣选修课程，促进和深化他们的专业能力发展。

5.英语专业《国标》课程体系的新导向

此次英语本科专业《国标》课程设置遵循英语专业的教学规律，既回归了人文科学的本质，又彰显了新的理念，在保持外语专业"本色"的同时，还顺应社会发展对外语人才的新需求，兼顾各校的办学优势。全新的课程体系，体现了全新的导向。

首先，以人文通识教育为手段，大力倡导全人教育。

此次《国标》课程体系研制已明确了回归人文学科本位的大学本科办学理念，牢牢把握英语专业的人文学科属性，紧紧围绕"培养具有较高英语专业水平的通识性人才"的培养目标，继承传统英语专业课程体系的优质资源，新增人文通识内涵的课程板块，以内容为驱动，将专业技能的培养与人文知识的传授紧密结合，确保课程体系的学科性、系统性、开放性、创新性，并突出人文性、国际化、专业化等特性，明确阶段性培养目标，形成"课上+课下""课内+课外"的培养体系，确保学生在技能锤炼、知识拓展，以及思维能力、发展能力等方面的提升。

与此同时，针对英语专业本科生的语言能力逐年上升而思辨能力却一直走低的现实问题，英语专业《国标》课程体系在具体课程设置方面也进行了创新。与《2000大纲》中的专业技能课程和专业知识课程设置相比较，英语专业《国标》课程体系在专业核心课程中增设了英语演讲、英语辩论、英语文学导论、英语国家历史、英语研究方法论等课程，还对传统的英语口语、英语视听说、英语写作、英汉笔译和英汉口译等课程进行了改造，即以语篇内容为驱动，以提高某种英语技能和思辨能力为主线，辅之以其他技能的综合训练，在语言能力和思辨能力培养的基础上夯实全人教育。

其次，以校本特色课程为保障，大力倡导个性学习。

为了满足新时代英语专业人才的多元化需求，避免英语专业人才"千校一面"的不良局面，此次英语专业《国标》课程体系特意保持了开放兼容的特点，既规定了保持英语专业本质属性的专业核心课程体系，又设置了方向课程模块。专业方向课程除了语言学课程、文学课程、翻译课程、文化课程，以及英语教育课程五个模块外，还专门增设了其他（特色）课程模块，具体内容由各高校自设，学生可确定一个方向选修约14学分的课程，再从其他各方向选修约20学分，选修总学分比例可达到20%，使学生享有充分的选择自由。鼓励各高校根据自身的学科、专业优势和地理资源优势，大量开发校本特色课程，并以此带动学生的个性化学习，打造学生的个性化英语专业能力，增强学生以服务地方经济社会发展为核心的竞争力。

（本文根据发表于《外语教学与研究》2017年第6期的文章《全人教育与个性学习——英语专业〈国标〉课程体系的研制与思考》修改而成）

推动建构中国特色英语类本科专业人才培养体系

——《普通高等学校本科外国语言文学类专业教学指南（上）——英语类专业教学指南》的研制与思考

一、引言

研究制定《普通高等学校本科专业类教学质量国家标准（外国语言文学类）》（以下简称《国标》）是教育部贯彻落实以习近平总书记为核心的党中央提出的"办好我国高等教育，办出世界一流大学，培养中国特色社会主义事业的合格建设者和可靠接班人"等指示精神的重要举措，也是向全国、全世界发布的第一个中国高等教育教学质量国家标准。《国标》涵盖了目前我国高校开设的全部92个本科专业类、587个本科专业，涉及我国全部高校的56,000多个专业布点，规格之高、涉及面之广，史无前例。

受教育部委托，外国语言文学类专业教学指导委员会经过反复研讨、广泛征求意见，研制了外国语言文学类教学质量国家标准。这对新时代背景下我国外语语言文学类专业建设、专业教学、专业申报验收、专业评估认证、提高专业人才培养质量等，都具有十分重要的规范、指导意义。

在研制《国标》之初，时任英指委主任委员的仲伟合和我就共同倡议，《国标》只是一份宏观标准，要推动《国标》精神落地生根，还应依据《国标》编写一份内容更为详尽、操作性更强的教学指南，为各院校的办学实践提供具体指导。正是在这样的背景下，英指委的行动计划与教育部的宏观政策可谓不谋而合。在教育部有关司局和外指委的指导下，英指委积极组织研制《普通高等学校本科外国语言文学类专业教学指南（上）——英语类专业教学指南》（以下简称《指南》）。这是继《国标》之后的又一项外语教育顶层设计任务，意义重大，势在必行。

二、《指南》研制的过程

外语类专业是我国高等学校开设最为普遍的专业之一。据不完全统计，目前全国外语类专业设有3000多个专业点，82.4%的本科高校开设了外语类本科专业，其中开设英语专业的有944所本科院校。千篇一律的专业设置、单一的培养模式，给英语专业发展带来了严峻挑战。这种挑战主要体现在三个方面：一是懂英语、具备听说读写译能力的毕业生"产能严重过剩"，学生就业率持续走低；二是国家战略急需的"一精多会""一专多能"的高端人才缺口较大；三是地域不平衡，全国英语类专业点高度集中在发达地区，毕业生下基层的愿望不强。这些突出矛盾映射出了当下英语教育发展的困境和危机。

要破解这一困境，化危机为转机，唯有强化质量意识，大力推进英语类专业的内涵建设。科学、规范、有效地推进外国语言文学类专业建设，必须以《国标》为基本依据。然而，《国标》只是一个宏观标准，英语类专业教学还缺少一个具体的实施细则。

在《国标》发布会上，教育部高教司吴岩司长强调，推动《国标》的应用，要"让教指委用起来""让高校动起来""与'三个一流'建设紧密结合起来"。于是，按照"质量为王、标准先行，标准为先、使用为要"的工作方针，英指委在制定《国标》的同时，启动了《指南》的论证和编写工作。

在前期的广泛调研过程中，英指委按照"分类指导、分类卓越"的理念，以蒋洪新、仲伟合、孙有中、邓杰、王俊菊、常俊跃、许明武、王立非、冯光武、程晓堂、郭英剑、邓颖玲、陈敏哲、柴明颎、李正栓、赵军峰、叶兴国、郭桂杭、刘法公、彭青龙、平洪、文军、陈忠平等为主要成员，组建了多个编写小组，并根据学校类别和层次制定了九个具有典型代表意义的分类实施教学指南。新一届英指委（2018—2022年）成立后，围绕分类实施教学指南广泛征求意见，反复研讨，并做出了进一步修改，最终形成了《指南》。它为英语、商务英语、翻译三个专业设计了具体的分类实施方案，在完善人才培养方案、深化教学改革、优化课程设置、更新教学内容等方面为各院校提供了较为系统的建议。

作为英指委秘书长单位，湖南师范大学全面统筹该项工作。前言、英语专业分类实施方案及后记的主要执笔人为蒋洪新、郑燕虹、曾艳钰、邓杰、黄林、罗常军，商务英语专业分类实施方案的主要执笔人为严明、佟敏强、范大伟、杨霞、李毅、程晓多、肖琼，翻译专业分类实施方案的主要执笔人为冯庆华、李德凤、肖维青、赵璧、刘全福、章艳、侯靖靖。参与调研和修订的专家还有孙有中、陈法春、洪岗、姜亚军、王文斌、常俊跃、彭青龙、许明武、王俊菊、何宁、赵军峰等，何其莘、仲伟合、戴炜栋、钟美荪、胡文仲、石坚、秦秀白、黄源深、文秋芳、邹申、张绍杰、王守仁、王宁、王克非、束定芳、查明建、周领顺等专家也提出了诸多宝贵建议。

2018年12月15日至16日，新一届英指委在北京召开第一次全体工作会议。全体与会人员认真研读了《国标》，并就《指南》（初稿）进行了深入讨论，提出了详细的修改意见。这次会议也标志着《指南》研制工作明确地纳入了新一届英指委的工作职责。

2019年3月30日，"2019年英指委全体会议暨华中、华南地区外语学院院长/系主任论坛"在长沙召开，教育部高教司徐青森副司长到会指导。与会的英指委委员对《指南》进行了第二轮讨论，就如何因地制宜、因校制宜地实施教学指南，落实《国标》精神，深化新时代人才培养改革等问题进行了广泛的探讨，并形成了具体意见。

2019年5月11日至12日，英指委在珠海召开了《指南》专题研讨会。英指委委员、国内外专家代表、出版社代表共30余人参加会议。各任务小组组长分别汇报交流了研制工作的进展情况，围绕整体框架、培养目标、培养规格、课程设置、阅读书目等方面对英语专业、翻译专业、商务英语专业三个教学指南开展了讨论和修改，并就一些原则问题达成共识。会上，还讨论了《指南》的体例、行文格式、研制时间节点等具体问题。

2019年7月，英指委主任委员及部分专家在衡阳召开审稿会，与会专家蒋洪新、仲伟合、石坚、陈法春、洪岗、姜亚军、冯庆华、严明、王文斌、常俊跃、彭青龙、李德凤、曾艳钰、王俊菊、何宁、许明武、郑燕虹、黄林、邓杰、肖维青、赵璧、罗常军、李会钦、张逸岗、冯涛、许高、贺学耘、谢敏敏、杨安、吴晋先等对《指南》（征求意见稿）进行了细致审读，并就英语专业、商务英语专业、翻译专业的实施方案，以及专业课程描述等进行了严谨、细致的论证，并围绕新时期英语类专业的内涵建设展开了讨论。

2019年12月，《指南》定稿会在北京外研社大厦召开。孙有中、蒋洪新、严明、张莲、曾艳钰、肖维青、赵璧、冯涛、张逸岗、李法敏、卫昱、王茜、杨安等参加会议，对《指南》进行了最终审定。

阅读书目是《指南》的重要组成部分。该项工作启动较早，2014年9月便成立了阅读书目起草工作小组。该书目的拟定，参考了国内外多份书单，并通过学术会议、调查问卷等途径征求了上百所高校师生代表的意见。书目以文学为主，兼顾其他，分为进阶（预备）阅读、必读和推荐阅读三个板块，以符合循序渐进的阅读规律。阅读书目也经历了几轮研讨，核心成员有蒋洪新、仲伟合、郑燕虹、殷企平、胡强、叶冬、陈敏哲、简功友、谢敏敏、杨安，并咨询了张隆溪、戴炜栋、陈众议、陆建德、王守仁、申丹、王克非、曹顺庆、聂珍钊、金莉、程巍、杨孝明、叶扬、李德凤、何其莘、曹莉、蒋坚松、肖明翰、董洪川、熊沐清、王东风、丁宏为、阮炜、仲伟合、虞建华、张和龙、史志康、王丽亚等专家的意见，最终由蒋洪新、张隆溪和陆建德审定。

　　总的来说，《指南》的顺利研制得到了教育部等上级主管部门的关心和指导，也得到了教育部高校外国语言文学类专业教学指导委员会及英语类专业教学指导分委员会各位委员和相关院校的倾力支持，还广泛凝聚了海内外专家和同仁们的心血和智慧。

左图
2019 年 12 月，作者（前排右三）与教育部高等学校英语专业指导分委员会委员及部分专家对《普通高等学校本科外国语言文学类专业教学指南（上）——英语类专业教学指南》做了最终审定。

三、《指南》研制的理念

2019年3月,在英指委2019年度第一次全体会议开幕式上,徐青森副司长指出,要聚焦英语专业教学改革研究,注重人才培养模式、教育教学基本制度研究。研制指南的初衷,就是要在《国标》的指导下,为全国英语类专业创新人才培养、深化专业改革和推进课堂革命提供参考和依据。在研制《指南》的过程中,我们始终坚持如下理念:

第一,落实立德树人根本任务。办好英语教育,首先要解决好"培养什么人、怎样培养人、为谁培养人"这一根本问题。我们要旗帜鲜明地坚持将立德树人作为英语教育的根本,不断完善中国特色、中国风格、中国气派的英语教育体系,探索英语类课程思政新模式和协同育人新举措,努力培养具备沟通能力、人文素养、中国情怀、国际视野的英语专业人才和复合型英语人才。

第二,笃定服务国家发展战略。英语教育要主动服务国家战略和地方经济社会发展,满足中华文化"走出去""一带一路"建设和构建人类命运共同体对英语专业人才和复合型英语人才的强烈需求,为促进改革开放、经贸合作、人文交流和全球治理等提供坚实的智力支持和人才保障。要坚定文化自信,在文明交流互鉴中坚守中华文化立场,讲好中国故事,传播好中国声音。

第三，坚持走内涵式发展道路。英语教育本质上是人文教育，不能把英语仅仅视为一项技能，而忽视其人文社会科学的学科内涵。要进一步强化学科专业意识，强调能力、知识与人格塑造相结合的全人教育，推进英语类专业发展的系统性改革，探索多方向、跨专业、宽口径的建设思路，培养高质量的英语专业人才和复合型英语人才。

第四，不断创新教育教学方法。全面贯彻以学生为中心的教育理念，要深化人才培养体系改革，创新教学内容和教学手段，重视现代信息技术在英语教育教学中的运用，充分发挥云计算、大数据和人工智能等技术优势，努力营造课内课外、线上线下、实体虚拟相结合的智能化教学环境。

四、《指南》研制的原则

第一，鼓励分类卓越、特色发展。以《国标》为基准，《指南》对英语类本科专业课程体系分别进行了界定，对核心课程进行了描述。鼓励各高等学校依据分类指导、内涵发展的原则，结合本校实际情况，确定人才培养目标、课程设置、教学计划和教学要求，彰显办学特色。

第二，强调学科交叉、复合融通。复合型人才培养离不开学科交叉和知识融通。《指南》在设计专业课程时，强调跨学科、跨文化的知识建构，在英语类专业核心课程和传统方向课程基础上，设置了比较文学与跨文化、国别和区域等方面的课程，目的在于培养学生的专业能力和跨文化能力。

第三，倡导理念创新、方法多元。智能化时代，英语的教育教学必须跟上科技创新步伐，深度融合现代信息技术，促进人才培养的理念、内容、模式和方法的改革。《指南》倡导构建以学生为中心的教学关系，引导学生进行自主学习、交互式学习和探究式学习，培养学生的创新思维和能力。

第四，注重经典阅读、健全人格。大学的诞生源自于经典阅读，通过经典阅读培养学生保持学习和探究的传统。《指南》将经典阅读纳入英语类专业人才培养的整体规划，制定了一份由进阶（预备）、必读和推荐书目三部分组成的阅读书目。书目选取的经典著作与《国标》和《指南》规定的人才培养目标和教学要求相一致，既考虑了英语专业内涵发展要求，又兼顾到学生的实际阅读能力，彰显了大学的精神气质和全人教育的宗旨。

五、《指南》体系的建构

《指南》的基本内容主要包括英语、商务英语和翻译三个专业的实施方案、核心课程描述，以及阅读书目。

（一）实施方案

实施方案参照了《国标》中外国语言文学类专业的培养目标、培养规格、学制学分与学位、课程体系、教学计划、教学要求、教学评价、教师队伍、教学条件、质量管理、术语与释义等要素，并对这些要素进行了界定。界定的内容很多，本文从三个方面进行简要解读。

其一，在目标规格上，既倡导复合，又鼓励特色。从专业定位看，《国标》将传统的英语专业细分为英语、商务英语和翻译三个专业，统称为英语类专业。这也就意味着，三个专业的专业定位和培养目标中具有内在一致性。《指南》对英语类三个专业培养目标和培养规模的设定，既主动适应新时代人才需求，要求致力于培养语言基本功扎实、人文素养深厚、国际视野广阔、跨文化交流能力强的英语专业人才，又兼顾英语、商务、翻译三个专业与经济、文化、科技、政治、社会和历史等深度融合的跨学科专业的交叉复合，突显跨学科、跨语言和跨区域的特性。

其二，在条件规定上，既要求保底，又预留空间。为了保证办学基本兜底条件、专业基本属性和人才培养的基本质量，《指南》在《标准》提出的外语类专业培养目标、培养规格、师资队伍、课程设置、基本办学条件等方面的条件基础上，进一步厘定了英语类专业建设的刚性底线规定、基准达标要求。同时，在一些定量规定的基础上，给高校预留了充分的办学拓展空间和办学自主权。换句话说，《指南》一方面确保了《国标》的保底要求，另一方面又没有封顶限制，鼓励办学条件好的高校充分发挥自主权，形成特色和优势。

其三，在课程体系上，既注重完备，又兼顾特殊。《指南》在课程体系上，对三个不同专业均作了通识教育课程、专业核心课程、专业方向课程和实践环节（含毕业论文）的要求，且要求开设比例符合《国标》。但在通识教育课程方面，《指南》提出，各校"可根据自身人才培养实际需要开设"；在专业核心课程方面，《指南》在明确若干课程设置的基础上，对各校具体开设的学期、具体课时，以及专业方向课程的具体内容上，都鼓励各校作出切合实际的安排。同时，《指南》还提出，除专业方向课程以外，各高等学校可根据实际情况开设特色方向课程，并提供了师范类院校和财经类院校英语专业特色课程参考开课计划表。

（二）核心课程描述

课程是培养专业能力、核心素养和人文情怀的重要渠道。从课程名称、教学目标、教学内容等方面对专业核心课程进行描述是《指南》的一大亮点。

核心课程是指根据人才培养目标凝练的最重要的专业必修课程。这些课程以该专业基本的理论知识和实验（实践）能力要求为主要内容，是反映该专业水平的重点课程。《国标》对各专业的核心课程作了界定，这对于专业课程开设具有重要的指导价值。但是，对于这些课程究竟要讲授什么内容，达到什么目标，实现什么价值，《国标》尚没有论及。

在《指南》研制过程中，我们对近年各校进行本科教学综合改革以来的英语、商务英语和翻译专业的核心课程进行了梳理和凝练，从专业课程角度明确了对学生的基本素质和能力要求。学生在达到各专业毕业所需最低专业学分要求的基础上，可以开展更加多样化的自主性深度学习，以构建个性化的知识体系和能力素质结构。部分专业的核心课程不仅包含本专业开设的课程，也包含相关联的跨学科专业开设的课程。专业核心课程的明确，也为辅修和双学位教学计划的修订、本科教育项目（含交叉学科）的设置奠定了重要基础。强调核心课程描述，不仅为各高校开设专业核心课程提供了指南，也为培养学生的学科核心素养提供了依据，还为今后进行专业的教育质量评价提供了参照。

（三）阅读书目

大学自诞生之日起就与经典阅读相关。大学这个词源于拉丁文universitas，是指教师与学生自发的联合体。这个联合体的成员自发从四面八方聚集在一起谈经论道，催生了欧洲中世纪大学。现代大学一直秉承经典阅读的传统。20世纪上半叶，美国芝加哥大学校长罗伯特·赫钦斯(Robert M. Hutchins)就在大学教育中引进了经典阅读。在同时期的中国，时任清华大学代理外文系主任的吴宓先生以培养"博雅之士"为目标，倡导中西贯通，要求学生"熟读西洋文学之名著"，"了解西洋文明之精神"。在"文学与人生"（Literature and Life）的公选课上，吴宓开出了共有152本书的书单，将内容风格相近的书目列在一起，鼓励学生养成个人精神与学术风格上的博雅风习。

　　这次，在《指南》制定的同时，英指委就决定起草一份与之匹配的阅读书目。经过两年多的调研、商讨和反复修改，在2016年就有了一个基本成型的书目。研制这份阅读书目，其初衷有三：一是倡导经典阅读。习近平总书记指出："优秀传统文化书籍作为古今中外文化精华的传世之作，思考和表达了人类生存与发展的根本问题，其智慧光芒穿透历史，思想价值跨越时空，历久弥新，成为人类共有的精神财富。"[1]这份书目所选的正是人们较为公认的优秀传统文化书籍。二是丰富专业内涵。当代世界面临的挑战与情况日益复杂，大学的人文教育变得越发重要，大学更应该调动人文学科的各种资源来培养人的综合素质，使学生具有宽阔而又深邃的视野，形成充满理性智慧而又不失人伦情感、清醒地了解自我责任而又能推己及人的生命立场和情怀。三是彰显大学意义。书目的功能主要体现为对人们读书治学的指导，不同书目具体功能

1　习近平.领导干部要爱读书读好书善读书 [N].学习时报，2013-04-28.

目标不尽相同。我们提出的这份书目首先是英语类专业书目，这就要求其与《国标》所规定的人才培养目标、教学及规格要求相一致。同时，由于它成型于学习型社会建设时期，是全民阅读书目中的一个部分，理当引领社会阅读，履行大学职责。因此，这份书目在制定过程中，始终坚持经典阅读的理念，紧跟《国标》，彰显新内涵，突出人文特色，强化大学意义，引领经典阅读。

六、结语

作为一份指导性方案，《指南》旨在从理念、目标、实践、质量等维度为全国高校英语类本科专业建设和人才培养提供指引，并作为英语类本科专业准入、建设和评估的参考依据。为英语、商务英语、翻译三个专业设计的具体分类实施方案，在完善人才培养方案、深化教学改革、优化课程设置、更新教学内容等方面为各院校提供了较为系统的建议。希望各高校和从事英语教育的同仁坚持把立德树人作为根本任务，不断更新教育理念，优化课程体系，丰富学习资源，提升教学信息化水平，大力培养复合型英语专业人才，为实现中华民族伟大复兴的中国梦作出新的更大贡献。

（本文根据发表在《外语界》2019年第5期的文章
《推动构建中国特色英语类本科专业人才培养体系
——英语类专业〈教学指南〉的研制与思考》
修改而成）

关于制定《英语专业本科生阅读书目》的几点思考

一、引言

2013年10月，2013年至2017年教育部高等学校外国语言文学类专业教学指导委员会召开首次会议，决定根据教育部要求商讨制定《普通高等学校本科专业类教学质量国家标准（外国语言文学类）》（以下简称《国标》）。在《国标》制定的基础上，英语教指委决定起草一个《普通高等学校本科外国语言文学类专业教学指南（上）——英语类专业教学指南》（以下简称《指南》），内容包括培养目标、课程体系、教学计划、教师队伍、质量管理、核心课程描述、阅读书目等。其中，阅读书目的制定工作于2014年9月正式启动，并于当月成立了阅读书目起草工作小组。经过一年多的调研、商讨和反复修改，阅读书目已经基本成型，并被命名为《英语专业本科生阅读书目》（以下简称《书目》）。本文就该书目的制定谈几点思考。

二、大学阅读书目的历史回顾

大学自诞生之日起就与经典阅读相关。大学这个词源于拉丁文universitas，是指教师与学生自发的联合体。这个联合体的成员自发从四面八方聚集在一起谈经论道，催生了欧洲中世纪大学。意大利的波罗尼亚大学、法国的巴黎大学、英国的牛津大学莫不如此。现代大学一直秉承经典阅读的传统，19世纪英国教育家约翰·亨利·纽曼（John Henry Newman）针对为适应工业革命产生的新大学中的功利主义倾向提出了自己的大学理想。他认为，大学教育的目的是发展人的理智，大学的真正使命是"培养良好的社会公民"，促进社会和谐发展。[1]要实现大学的理想，教师要率先垂范，与学生和谐相处，教育要以人文主义为旗帜，还要学生阅读经典，通过阅读来修身。20世纪上半叶，美国芝加哥大学校长罗伯特·赫钦斯（Robert M. Hutchins）秉承纽曼的自由主义教育思想，为捍卫学术自由，对当时美国盛行的实用主义提出批评，反对大学过分专业化，强调学生的心智训练，引进名著的学习与阅读。[2]1947年，赫钦斯亲自担任名著基金会董事会主席。在他领导下，20世纪40年代末，面向成人的名著讨论活动席卷全美。当时，约有1500万人参加了讨论，其中有一次在芝加哥交响乐厅讨论柏拉图的《论辩篇》就吸引了3000人。之后，芝加哥大学就制定了一个本科生的必读书目（54本）。迄今为止，美国的中学、大学大多给学生提供一些必读书。我国越来越多的大学也都开始制定各种各样的阅读书目，如清华大学通识教育书单，港澳台大学也有自己的阅读书目。

1　Newman, J. The Idea of a University [M]. London: Longman, 1907: 177.

2　罗伯特·赫钦斯. 美国高等教育 [M]. 杭州：浙江教育出版社. 2001.

我国外语专业类书目的确立始于民国时期。当时，清华大学代理外文系主任吴宓参考了芝加哥大学、哈佛大学等高校的培养方案和课程设置，为学生编选了"文学与人生"（Literature and Life）课程的应读书目，以期"汇通东西之精神思想"，培养"博雅之士"。在他开出的书目中，中文77本，外文75本（主要是英文著作，也有法文原著和其他语种作品的英文译著）。因为这门课程是为在校所有专业学生开设的，因此所开书目也不是完全意义上的外语专业书单，但在大学较为系统地列出英文书目尚属首次。该书目对当时的人才培养起到了积极作用。

2000年高等学校外语专业教学指导委员会英语组颁布的《高等学校英语专业英语教学大纲》（以下简称《大纲》），对英语专业的培养目标、课程设置、教学要求、教学原则、教学方法与教学手段、测试与评估提出了具体要求。该《大纲》所附的《英语专业课程描述》《英语专业学生阅读参考书目》《关于外语专业面向21世纪本科教育改革的若干意见》，对英语教学起到了很好的指导作用。《英语专业学生阅读参考书目》共列书目118本，其中英国文学49本，美国文学41本，加拿大文学7本，澳大利亚文学9本，中国文化12本。前四个国别文学所选的书目均以小说为主，没有涉及诗歌、戏剧、散文和非文学作品；中国文化部分有一半是文学作品选读，涵盖了小说、诗歌和散文三种体裁，还有一半是非文学作品。

该书目在实际使用过程中没有发挥预期的作用。究其原因，主要是选定的书目数量过大、体裁单一；没有对所选书目做任何标示，学生无从知晓从哪些书入手比较容易，也不知道大学四年至少要读完哪些书籍；缺少后续跟进，在选出书目之后，没有推出专家导读和难点注解，容易让学生产生挫败感而放弃。所以，整个书目与学生的实际能力和多元需求无法接轨，也无法发挥作用。

三、《书目》的制定背景与编选理念

此次《书目》的制定刚好处在特殊的历史时期，有特定的时代发展背景和专业认识背景，从而也必须坚持独特的编选理念，方能满足英语专业学习的新要求。

首先，我国已从国家层面致力于培养全民阅读意识和建设学习型社会。习近平总书记[1]曾指出，"优秀传统文化书籍作为古今中外文化精华的传世之作，思考和表达了人类生存与发展的根本问题，其智慧光芒穿透历史，思想价值跨越时空，历久弥新，成为人类共有的精神财富"。2014年世界读书日前一天，李克强总理给北京三联韬奋书店全体员工回信，肯定创建24小时不打烊书店这一创意，指出这是对"全民阅读"活动的生动践行，希望"三联韬奋书店把24小时不打烊书店打造成为城市的精神地标，让不眠灯光陪护守夜读者潜心前行，引领手不释卷蔚然成风，让更多的人从知识中汲取力量"，并指出

1 习近平.领导干部要爱读书读好书善读书 [N].学习时报，2009-5-18.

"读书不仅事关个人修为，国民的整体阅读水准，也会持久影响到整个社会的道德水平"。[1]

　　虽然国家倡导全民阅读，建设学习型社会已快十年了，但我国国民的阅读情况仍不容乐观。2014年4月20日公布的第12次全国国民阅读调查显示，2014年我国成年国民人均纸质图书的阅读量为4.56本，与2013年相比减少了0.21本，数字化阅读方式接触率为58.1%，较2013年的50.1%上升了8.0个百分点。而同期韩国人均年阅读量是11本，法国人20本，日本人40本。据新华社资料，在我国全国书店销售的书籍中，80%是各种各样的教材资料。[2]从这个国民阅读的调查报告来看，我国的国民阅读量亟需提高，我们离学习型社会也还有很大的距离，大学应该率先垂范。但对于大学生来说，随着电子媒体时代的到来和信息获取越来越容易便捷，"娱乐性、消费性的阅读，已经成为大学生活的重要组成部分，并逐渐固化为大学生的阅读习惯"，"碎片化、快餐化、功利化的'浅阅读'渐成趋势"。因此，我们大学生阅读需要做"深呼吸"。[3]所谓"深呼吸"阅读，就是传统的深度阅读，就是经典阅读，需要书目的指导。

　　其次，因为《国标》的制定，我们对英语专业内涵的

1　金涛.让不眠灯光陪护守夜读者 [N].中国艺术报，2014-4-25.

2　刘彬.第十二次全国国民阅读调查结果公布 [N].光明日报，2014-4-25.

3　赵婀娜、章正、王舒媛.大学生阅读，应做"深呼吸" [N].人民日报，2014-4-24.

认识有了新的变化。自新中国成立以来，我国英语教育的职业性就十分突出，无论是早期以培养英语听、说、读、写、译技能为目的的教学阶段，还是近十年以培养复合型（英语能力+某种专业知识）人才为目标的教学阶段，英语教育的设计都着眼于培养具有英语实践能力的专才。

在《国标》的制定中，我们首先要明确英语学科的定位。根据国务院学位委员会与教育部修订颁布的《学位授予和人才培养学科目录（2011年）》，英语专业属于外国语言文学类专业，隶属文学门类。这实际上确定了英语专业人文科学的性质。当代世界面临的挑战与情况日益复杂，大学的人文教育变得越发重要，大学更应该调动人文学科的各种资源来培养人的综合素质，使学生具有宽阔而又深邃的视野，形成充满理性智慧而又不失人伦情感、清醒地了解自我责任而又能推己及人的生命立场和情怀，以此来提升个人的综合素质与民族、国家的公共智慧。因此，在教育部2012年颁布的《普通高等学校本科专业目录和专业介绍》所提出的英语专业培养目标基础上，《国标》进一步强调了英语专业人文学科的内涵。人文学科培养目标并不满足于培养市场经济条件下具有

左图
2015年7月，作者（左六）与专家研讨制定《普通高等学校本科专业类教学质量国家标准（外国语言文学类）》和《英语专业本科生阅读书目》。

某种专业技术的人才，而是旨在培养完全的人。"在新形势下，培养规格的覆盖面应更为广阔，至少应该具备扎实的英语语言基础知识和熟练的英语语言运用技能、系统的英语文学知识和较强的文学鉴赏与批评能力、较丰富的多元文化知识和较强的跨文化能力"。[1]

书目的功能主要体现为对人们读书治学的指导作用，但不同书目其具体功能目标不尽相同。《书目》首先是大学书目，必须彰显大学的意义；其次是专业书目，必须与《国标》所规定的人才培养目标、教学及规格要求相一致；最后，《书目》成型于学习型社会建设时期，是全民阅读书目中的一个部分，理当引领社会阅读，履行大学职责。因此，《书目》在制定过程中，必须坚持经典阅读的理念，紧跟《国标》，彰显新内涵，突出人文特色，强化大学意义，引领社会阅读。

四、《书目》制定的关键要素

任何书目的制定，都无法回避两个大问题：书目的数量多大合适，书目内容该如何设置？《书目》制定小组针对这两个问题进行了大量和认真的研讨。

首先，在书目数量方面，既要考虑专业内涵要求，

1　蒋洪新．关于《英语专业本科教学质量国家标准》制订的几点思考 [J]．外语教学与研究．2014（3）：456-462．

又要考虑学生实际的阅读能力。正如谌东飚[1]所说，"一个在实际运用中可以操作的书目，一定要与阅读者的年龄、文化水平、可用来阅读的时间等情况相适应。其量既不可过大也不可过小，量大了，使人望而却步，自然达不到预期的效果；量小了，当然也达不到调整知识结构的目的"。而目前的现实情况是，专业内涵所要求的书目数量远大于学生实际阅读能力所能完成的数量。我们只有估算出学生大学四年能完成的阅读量，才能得出书目最合适的量。从我们抽样调查的数据来看，英语专业学生每周的业余时间约为37小时。其中，用于专业学习的时间约为17小时，约9小时用于英语阅读；阅读速度四年平均约每分钟100单词。每学期平均计20周，学生四年在校期间能完成的英语阅读量是8,640,000单词，按每本书20万单词计算，约为43本书。放假期间，学生平均大约能花一半的时间在专业学习上，四年假期总共约10个月时间。参照在校期间英语阅读时间比例，并将每天阅读时间按2.5小时计算，英语专业学生大学四年的假期里共可阅读4,500,000单词，仍按每本书20万字计算，约为22本书。这样算来，《书目》总量定在65本较为合适。

其次，在书目内容的设置上，必须按照书目的功能定位来确定标准。一是必须从语言上考虑。张隆溪教授在《书目》研讨会上提出，英语专业本科生阅读书目的首要任务就是提升英语语言能力，为英语专业学生提供英

1　谌东飚. 高校理工科学生传统文化阅读书目研究 [J]. 湖南科技学院学报，2006（1）：228-230.

语模仿范本。已有的调查[1]显示，88.3%的英语专业学生明确表示，课外阅读是为了提高英语水平。我们工作组所做的调查也显示，学生最希望在书目中占主导地位的是文学类书籍，体现了其对提高自身语言能力的希冀。从这个角度考虑，入选书目必须语言优美规范，比如《简·爱》《双城记》就合乎标准，而《阿甘正传》之类的小说，虽然故事感人，但因其语言不规范就不合乎标准。二是要体现人文学科的内涵要求，把有助于学生获取文化知识和提升综合素养的书目选进来。总的说来，《书目》应该选择语言优美规范的文化经典著作。为解决语言和文化知识两方面的要求与书目总量之间的矛盾，我们还必须将一些篇幅较大的名著通过选编的方式呈现给学生。

知识板块也是制定《书目》必须要考虑清楚的问题。根据《国标》，我们可以大致将书目的知识板块设定为文学语言类、历史哲学类、政治经济类、科学技术类、教育心理类五大板块。设定这样的板块并不难，难的是彼此之间的比例应该如何确定。依据《书目》的功能目标讨论，我们可以在知识结构的设定方面坚持文学主导、全面兼顾的原则。这样的原则也刚好契合实际情况。调查发现，学生对文学语言类的投票赞同率超过70%，占绝对优势；历史哲学、教育心理、政治经济三类各约占8%；科技类最低，只有4%左右。

1 丰玉芳. 英语专业学生课外阅读现状调查与分析 [J]. 河北师范大学学报，2008（12）：111-118.

五、遴选书目过程的反思

《书目》制定工作启动后，工作小组首先进行了广泛的调研，参阅了国内外院校已有书目及各大名家提供的书单，比如国内的《高等学校英语专业英语教学大纲》所附"英语专业学生阅读参考书目"（2000年版）、清华大学通识教育书单、民国时期吴宓、胡适等大家开出的阅读书单等；国外哈佛大学、芝加哥大学、加州大学伯克利分校等高校的阅读书目，以及美国大中学生阅读书单。制定出《书目》的初步方案后，又先后咨询海内外专家，并逐步修订完善。

2015年5月1日，我们就书目初稿设计了调查问卷，征求了部分专家、教师、学生的意见，得到了积极回应。他们提出了许多宝贵的意见和建议，形成了总量为100本的《书目》。其中，必读书目40本，选读书目60本。同年7月29日在湖南师范大学召开了《书目》研讨会，仲伟合、蒋洪新、张隆溪、殷企平、虞建华、阮炜、胡强、邓杰八位教授出席会议。各位教授详细审阅了《书目》，对所选定的书目逐条进行了讨论，删减了许多不适合英语专业本科生阅读的书目，确定了书目制定要考虑学生实际阅读能力的思路，并决定增加进阶（或叫预备）阅读板块，形成了"7.29《书目》草案"。三大板块的功能定位分别为：进阶书目定位为基础阶段过渡性阅读，旨在让英语专业初始学习人员或英语基础薄弱的学生产生阅读兴趣，提升阅读能力；必读书目是英语专业本科最低的阅读要求；推荐阅读是英语专业学生在达标的基础上进一步提升素质、增长才干的拓展阅读。

　　2015年8月16日，在对部分中等层次高校英语专业本科生课外阅读情况初步调研的基础上，重新反思"7.29《书目》草案"，正视很多学生大学四年一本英文名著都没阅读的事实，提出了除进阶书目外，推出10本左右的核心书目作为所有高校英语专业本科生必读书目而其他书目均为选读书目的思路，并重新设计了精选10本核心书目的调查表，向参加长沙会议的专家及丁宏为和王守仁教授发送了调查表。统计发现，要从浩如烟海的著作中推出10本核心书目并非易事：所有专家都赞同推荐的作家只有一位，那就是狄更斯，但推出来的作品《双城记》也因一票之差未获得全票；获得专家过半票数的书有四本，分别是《简·爱》《哈克贝利·费恩历险记》《傲慢与偏见》及《恋爱中的女人》；专家推荐出来的所有书目总和多达33本。在无法通过专家选定10本核心书目的情况下，《书目》工作组于10月12日按照进阶书目10本、必读书目12本及推荐阅读书目60本的框架重新设计了调查表，并于10月16－18日在2015英国文学年会（济南）上向所有与会代表征求意见。调查结果显示，大家赞同《书目》的总体框架和大部分书目，但对必读书目12本总量争议较大，有的主张增加至15本以上，有的主张再缩减至8本左右。除此之外，问卷调查还得到了以下反馈意见：

　　（1）在具体书目推荐方面，除英美文学名著外，《圣经》《牛津通识读本》《数字化生存》《中国戏剧选读》及马克思、恩格斯作品成了推荐对象。（2）关于书目的知识结构方面，有些反馈意见极力主张增加史、哲、宗教和西方文明、中国文化经典等方面读物，同时还希望考虑其他语种的读物。（3）在书目的推广方式及后续跟进工作方面，有人提出书目应该照顾不同层次水平的高校，建议对具体作品进行导读与注解，文学名著可以将文本和电影配套推荐，史哲类作品应该考虑英汉对照本，还有人认为可以在书目的基础上开展全国英美文学知识大赛等。

基于以上调查发现，10月17日工作小组又在济南召开了新一轮《书目》研讨会，参会的有蒋洪新、殷企平、阮炜、张冲、张和龙、史志康、王丽亚、胡强八位教授。研讨会商定了《书目》的总体安排，进阶书目15本，必读书目20本，推荐阅读书目30本，并确定了每部分书目的具体选项，形成了《书目》济南会议商定稿。

即便到此，书目的遴选工作也还远未结束。为了让《书目》能够与《国标》规定的学科内涵与人才培养目标相一致，书目遴选不可能一蹴而就，必须经过一个反复论证、精挑细选的过程。整个书目遴选的过程实际上就是一个专家荐书、大众评书的肯定与否定交替循环的过程，还需要进一步深入。

六、《书目》制定的后续工作

从《高等学校英语专业英语教学大纲》所附"英语专业学生阅读参考书目"（2000年版）的推行经验来看，《书目》整个制定工作完成之后，还必须完成相应的后续跟进工作，才能确保《书目》发挥其应有的功效。

首先，必须考虑如何让教师学生都能及时了解《书目》的内容，做出《书目》的宣传和推行工作方案。其次，要考虑如何让学生积极、主动、有效地完成《书目》中所列各类读物的阅读任务。我们不能忽视有很大一部分书目对大学本科英语专业学生来说还是有一定难度的，所以给每本书都配上相应的专家导读和注解是必不可少的工作。这样一来，还得考虑重新出版《书目》中所选

左图
作者与学生
开展阅读交
流活动

内容。再次，既然《书目》为英语专业学生规定了阅读任务，那就要考虑如何检查学生的阅读情况，制定出相应的《书目》阅读考核方案。教指委和各高校必须上下协调，共同努力，通过检查督促，让英语专业学生在《书目》指导下的经典阅读变成一种学习常态。最后，为了更好地推行《书目》，还有必要考虑当今社会的信息化特征和互联网技术，做好《书目》的数字化工作，让《书目》经典著作变得"人人皆读、处处能读、时时可读"。同时，还要做好其他方面的服务工作，比如图书馆建设等。

七、结语

制定《书目》确实是一件意义重大的事。制定《书目》既是时代之需，也是我们之责。我们既要看到《书目》的价值，又要厘清制定过程中的困难和问题，将工作做细、做精、做准。唯有如此，才能制定出既适合我国国情又能满足英语专业学生阅读需求的好书目。

（本文根据发表于《外语教学与研究》2016年第4期的文章《关于制定〈英语专业本科生阅读参考书目〉的几点思考》修改而成）

新时代翻译的挑战与使命

改革开放以来, 我国翻译研究经历了 "语言学转向" 和 "文化转向"。[1]语言是文化的重要载体, 文化是语言的根本内涵, 而翻译正是发生在多种文化之中, 由一种语言向另外一种语言的转化。在这个意义上说, 跨文化是翻译的根本特征。

1923年, 德国翻译理论家沃尔特·本雅明(Walter Benjamin)为法国诗人夏尔·皮埃尔·波德莱尔(Charles Pierre Baudelaire)的诗集《巴黎风貌》(*Tableaux Parisiens*)作了一篇题为《译者的任务》的序言。在《译者的任务》里, 本雅明从根本上抛弃了传统翻译理论, 认为 "这种传统理论难以规范精确性, 因而对阐明翻译的要旨无甚裨益"。[2]在他看来, 译者的任务就是在翻译的过程中把潜在于各种语言中的 "纯语言" 开发出来, 确保语言生命的延续, "使纯语言从这种重负中解脱出来, 将象征物转化为被象征物, 在语言的长流中重

1 许钧. 文化多样性与翻译的使命 [J]. 中国翻译, 2005 (1): 41-44.

2 Benjamin, Walter. The Task of Translator [A]. in Schulte, Rainer& Biguenet, John (eds.). *The Theory of Translation: An Anthology of Essays from Dryden to Derrida* [C]. Chicago & London: The University of Chicago Press, 1923: 74.

获纯语言，是翻译最了不起，也是唯一的功能"。[1]可译性即翻译的价值，"是某些作品固有的本质特征"及其再生能力，"原文中固有的某种特殊含义在可译性中自行展示出来"。"只有当作品的语言在自身中蕴含的是精神存在，是真理，是启示，是那不可说的纯语言，它才有可译性"。[2]对此，我们也可以作这样的理解，翻译不仅是一种语言的转化，同时还是一种文化的再生。比如说，马克思主义经典著作传入中国，不只是简单地将俄文或者德文转译成了中文，更重要的是马克思主义在中国得到了广泛传播，而且通过中国共产党人的努力，成功地与中国国情和中国文化相结合，形成了中国化的马克思主义理论成果，并被确立为中国共产党的指导思想，指引中华民族伟大复兴的前进道路。

英国社会学家斯图尔特·霍尔（Stuart Hall）的观点也不容忽视。他指出："如今，语言是具有特权的媒介，我们通过语言'理解'事物，生产和交流意义。我们只有通过共同进入语言才能共享意义。所以语言对于意义与文化是极为重要的，它总是被看作种种文化价值和意义的主要载体。"[3]在霍尔看来，语言是在一种文化中表达思

1　Benjamin, Walter. The Task of Translator [A]. in Schulte, Rainer& Biguenet, John (eds.). *The Theory of Translation: An Anthology of Essays from Dryden to Derrida* [C]. Chicago & London: The University of Chicago Press, 1923: 80.

2　黄海容. 本雅明翻译观述评 [J]. 中国翻译，2007（4）：19-24.

3　斯图尔特·霍尔. 文化表象与意指实践 [M]. 徐克，陆兴华译. 北京：商务印书馆，2003.

想、观念和情感的重要"媒介",经由语言的表征对意义生产过程至关重要,而"文化首先涉及一个社会或集团的成员间的意义生产和交换,即'意义的给予和获得'"。[1]

第六任联合国秘书长布特罗斯·布特罗斯-加利（Boutros Boutros-Ghali）先生曾说:"翻译有助于发展文化多样性,而文化多样性则有助于加强世界和平文化的建设。"[2]加利的这句话,从跨文化交流的高度对翻译的使命作了本质的界定。季羡林在为《中国翻译词典》所写的序言中明确指出:"只要语言文字不同,不管是在一个国家或民族（中华民族包括很多民族）内,还是在众多的国家或民族间,翻译都是必要的。否则思想就无法沟通,文化就难以交流,人类社会也就难以前进。"[3]翻译是因人类相互交流的需要而生,从这个意义上说,寻求思想沟通,促进文化交流,便是翻译的目的或任务之所在。

当今时代,翻译活动已经发生了显著变化。谢天振对此做了确当的概括:一是"翻译的主流对象发生了变化",二是"翻译的方式发生了变化",三是"翻译的工具、手段发生了变化",四是"翻译的方向增添了一个新的维度",五是"翻译的内涵和外延获得了极大的想定和

1　斯图尔特·霍尔.文化表象与意指实践[M].徐克、陆兴华译.北京:商务印书馆,2003.

2　许钧.文化多样性与翻译的使命[J].中国翻译,2005（1）:41-44.

3　季羡林.中国翻译词典序[A].林煌天.中国翻译词典[Z].武汉:湖北教育出版社,1997.

拓展"。¹21世纪是一个国际化、信息化、多元化的新时期，人与人之间的互动需求增强了，跨国交流日益频繁。作为人类跨种族、跨国界沟通的重要媒介，"翻译"不仅职业化了，而且也商业化了。比如说，国际会议、全球经济贸易、出国旅游购物等活动都需要翻译，特别是越来越多的国家和民族开始积极主动地把自己的文化译介出去，以便世界更好地了解自己。人们对于翻译的需求更加多元化。

为此，各大语言服务商在模式、平台及产品上都进行着积极的探索、尝试及创新。以主打即时通讯翻译服务的微软Skype Translator为例，它在即时通讯功能的基础上对实时翻译服务进行了优化，基于互联网大数据背景，通过数据挖掘、语言模型、翻译模型、解码各个方面的实验，将语音识别与机器翻译进行了有机整合，实现自动转化语言的功能。谷歌翻译也不再满足于提供简单的查词、语法查询等功能了，如今还提供文本、图片及语音翻译，让翻译工作变得更加便捷与智能了。2016年10月，谷歌发表了论文 "Google's Neural Machine Translation System: Bridging the Gap between Human and Machine Translation"，介绍了谷歌的神经机器翻译系统（GNMT），引起业内极大的关注。我们不禁要问，翻译会真的被机器取代吗?

作为一名翻译工作者，看到这样的科技进步，我没有

1 谢天振. 翻译巨变与翻译的重新定位与定义——从 2015 年国际翻译日主题谈起 [J]. 东方翻译, 2016（4）：4-8.

丝毫忧虑，反而有某种欣慰。这是因为，科技革新势在必行，日益发达的信息技术为翻译打开了便利之门。而且这并不意味着职业翻译的寒冬已然来临。著名语言学家周海中曾在论文《机器翻译五十年》中指出：要提高机译的译文质量，首先要解决的是语言本身问题而不是程序设计问题。[1]机器翻译的发展会淘汰低端译员，但是完全取代人工几乎是不可能的。它也的确帮助我们解决了一些最简单的规律性的翻译问题，以及日常生活中的一些翻译问题，但它不能解决我们面临的所有翻译问题，比如中国经典的翻译，目前哪个机器翻译软件能帮我们解决呢？

许钧曾指出，认识与理解翻译应该树立历史的发展观，应该观照现实重大问题。[2]翻译作为人类跨文化交流的重要活动，自然会随着人类的交流需要与社会的发展而呈现越来越丰富多样的形式。那么，作为翻译工作者，我们的新时代使命是什么呢？

当今世界正处于大发展大变革大调整时期，习近平总书记直面时代之问，把握世界大势，在2013年首次提出了构建人类命运共同体的倡议，并于2017年10月写入了党的十九大报告。此后，习近平总书记又在中国共产党与世界政党高层对话会开幕式上发表了题为《携手建设更加美好的世界》的主旨讲话。讲话闪烁着中国化和时代

1 周海中.机器翻译五十年 [A].语文研究群言集 [C].广州：中山大学出版社，1997：340-341.

2 许钧.关于新时期翻译与翻译问题的思考 [J].中国翻译.2015（3）：8-9.

化的马克思主义理论光辉，展现着人类新型文明观。在今后较长时期，我们翻译工作者应为促进中外平等沟通与合作，开展文明交流与对话，推动构建人类命运共同体而努力，为促进社会主义文化建设、为中华民族的伟大复兴作出翻译工作者应有的贡献。

　　黄友义指出："翻译学科的生命力在于同社会的结合，为国家战略的服务，具体来说，就是与'一带一路'的联系。"[1]"一带一路"倡议在全球有超过70个国家和组织参与支持，要推进这项伟大事业，离不开语言保障。"一带一路"建设，首先就要加强与沿线各国的政策沟通、道路联通、贸易畅通、货币流通、民心相通等方面的工作，而各项连通的基础则是"语言互通"，因为语言不通，其他都是枉然。"一带一路"有大量的工作要做，其沿线国家语言、文化不尽相同，这就需要大量的翻译与语言服务。

1　黄友义."一带一路"和中国翻译——变革指向应用的方向 [J].上海翻译．2017（3）：1-3.

翻译的功能不囿于语际间的转换，而要成为跨文化交际的主要途径。正如许钧指出的："时至今日，一个国家内部的发展与国际地位的奠定很大程度上要依赖文化软实力，而文化软实力无论输入与输出，在我们看来首先是一个翻译问题。"[1]在中国近代的历史语境下，翻译曾经是推动社会进步的"革命力"。进步知识分子通过大量翻译西学书籍，将西方的科学、民主、自由与共和的观念输入中国，并以这些先进的观念来推动当时中国的改革、革命与民族救亡运动。在如今全球化的背景之下，翻译可以成为推动中国文化"走出去"、扩大中国国际影响力的"软实力"。

翻译工作面临的最大挑战是高素质、专业化的翻译人才严重匮乏。为此，我们要高度重视对高素质、专业化紧缺翻译人才的培养，建立起连接行业协会、高等院校和用人单位的产学研结合模式，从师资培训、课程体系建设、实习实践和就业等方面进一步完善翻译专业教育体系，培养造就不仅有良好中外文语言基本功，同时具有过硬政治素质、业务素质，以及广博社会文化知识、专业知识和技术运用能力的复合型翻译人才队伍。同时，还要进一步完善翻译人才评价认证体系并在全社会宣传推广，形成行业共识。只有真正实现翻译的职业化，才能保证翻译水平和翻译队伍的健康成长。

1　许钧.翻译研究之用及其可能的出路 [J].
中国翻译，2012（1）：5-12.

总的来说，我们认为，翻译工作者不仅要继承优良的翻译传统，还要勇担时代重任，不忘初心，继续前进，将个人职业与国家的事业、民族的追求和文明的进步结合起来，为中华民族的伟大复兴和构建人类命运共同体作出新的贡献。

（本文发表于《中国翻译》2018年第2期）

持守初心　笃行致远
——我与中国外语教育改革 40 年

　　2018年是我国改革开放40周年。40年来，我们的党和国家坚持解放思想、实事求是，开辟了中国特色社会主义道路，取得了世人瞩目的成就。外语学界的同仁们沐浴在改革开放的阳光下，以敢为人先的勇气和执着追求的坚韧，不断推动我国外语学术和教育事业发展，作出了卓著贡献。作为改革开放的一名见证者、参与者和受益者，笔者不揣冒昧，把这些年来从事外语学术研究和教育的经历、感受和思考整理成文，聊表庆贺之意。

一、兴趣是求知的动力

　　1977年全国恢复高考，四年后我考入湖南师范学院外语系。甫一入校，我就被这里独特的学术传统吸引了。

　　湖南师范学院的前身为国立师范学院，由著名教育家廖世承先生于1938年抗日烽火之中创办，是当时国内第一所独立设置的师范学院。那时的国立师范学院名家大师云集。国学大师钱基博先生为中文系主任，"文化昆仑"钱锺书先生为英语系主任，父子俩同时在此执教，一时传为杏坛佳话。钱锺书先生还在此完成了文学批评的扛鼎之作《谈艺录》。他在书中写道："东海西海，心理攸同;南学北学,道术未裂。"我在湖南师范学院求学时,校园里人文荟萃,钟灵毓秀。我的研究生授课老师张文庭教授是钱锺书先生教过的学生,因张老师当年爱读书、成绩好,钱先生称她为"Blue Stocking"(好读书的女才子)。张老师教过研究生《英语散文》,教材的课文大多是钱先生曾经教授她的。当时英语系还有著名翻译理论家刘重德先生。我的导师是学贯中西、博通古今的赵甄陶先生,他用英语格律诗翻译的《毛泽东诗词》在海外传播很广。我还到中文系旁听了古典文学、中国现当代文学和文艺理论等课程,有不少老师给我留下了深刻印象。国学大家马积高先生与我的导师赵先生相交甚笃,他们俩经常聊天切磋诗赋对联,我从中亦受益颇多;著名美学家杨安仑先生对美学原理的讲解深入浅出,再深奥的道理他都能讲得浅显易懂,很受学生的欢迎;文艺理论家汤龙发先生理论功底深厚,他的《异化和哲学美学问题》一书被誉为"巴黎《手稿》的新探索"。正是在诸多名师的悉心指导下,我求知的兴趣日益浓郁。从教育心理学的角度来说,学习兴趣是一个人倾向于认识、研究获得某种知识的心理特征,一旦被激发,便是推动求知的一种内在力量。德国美学家席勒曾说过:"永远忠于自己年轻时的梦想。"或许,那时我单纯地追求学问之道,就是我能够想象到的最美好的梦想吧。

1988年10月,全国文学翻译研讨会在长沙举行,正在攻读硕士研究生的我有幸认识了在大会做主题发言的袁可嘉先生。当时,国内学界兴起了西方现代派文学的讨论热潮，袁先生是外国文学研究领域的权威，他的文章我此前读过一些，知道其影响力。我还记得，袁先生那次报告的题目为《新时期现代外国文学翻译工作的成就与问题》。这个报告影响了我一生的学术方向。唐太宗《帝范》曰："取法于上，仅得为中；取法于中，故为其下。"我深知，无论立事还是治学，一定要放宽视野，定高目标，这样才能取得令人满意的效果。1993年，我有幸考入中国社会科学院研究生院，师从袁可嘉先生攻读英美文学方向博士学位，这样我们成了真正的师徒。

三年博士生学习阶段，我与袁先生见面多是在社科院上班时间的周二或周四，我既可以去外文所图书馆查资料，又可以请教袁先生和其他诸位先生。我读博期间，社科院可谓名家云集，钱锺书、冯至、何其芳、卞之琳、罗大纲、杨绛、李健吾等许多赫赫有名的人物皆在此工作。袁先生带我参加学术会议时，还带我认识了王佐良先生、李赋宁先生等前辈。我博士论文答辩时，袁先生请李赋宁先生做答辩委员会主席。于细微处见真情，由此可以看出老一辈学者对后辈的提携和爱护。每每想起这些，我心里总涌动着一股温暖的感动。[1]

1996年，我在中国社会科学院取得英语语言文学博士学位后，回到湖南师范大学外国语学院工作。学业与工作稍有进步，袁先生就经常来信鼓励我。拙作《走向〈四个四重奏〉——T. S. 艾略特的诗歌艺术研究》付梓前，

1　蒋洪新. 诗人、翻译家袁可嘉 [J]. 东方翻译，2014（1）：48-53.

袁先生亲自作序，并肯定这"是第一部用华文写作的研究艾略特的专著，标志着我国艾略特研究的新起点"。先生的这个评语充满了对我的关爱和提携。所以，每当我翻看他用钢笔给我写的几千字序言，就忍不住热泪盈眶，心中只有一个念想：好好干，才能对得起先生的在天之灵啊！

有兴趣当持守，做学问当有道。做任何一件事情都要持之以恒。近代湖湘大儒曾国藩提出了修身五律，即诚、敬、谨、静、恒。这五律中，他自认为对"恒"字感悟最深："凡人作一事，便须全副精神注在此一事，首尾不懈，不可见异思迁，做这样想那样，坐这山望那山。人而无恒，终身一无所成。"很多人学外语做学问，找不到自己的定位，可能就放弃了。我一直坚守最初的学术旨趣不放，因为这是我自己喜欢做的事情，至于结果怎么样，则不需要预先多问。庆幸的是，受诸多师友的提携，收获反而远远超过我的预期。

近些年来，在英美文学研究方面，我的著作《庞德研究》《庞德学术史研究》（与郑燕虹教授合著）和《庞德研究文集》先后出版，构成了"庞德系列研究"。该系列成果荣获湖南省第十三届哲学社会科学优秀成果奖一等奖，其中《庞德研究》还获得中国大学出版社图书奖优秀学术著作一等奖，《庞德学术史研究》和《庞德研究文集》作为中国社会科学院2014年重大人文基础研究成果"外国文学学术史研究"系列丛书的重要组成部分，被中央电视台新闻联播隆重推介，称其"代表了我国在这一领域研究的前沿水平"。

与此同时，我注重湖湘文化与世界文化的互动研究，借以探究中西文化的交流与发展，先后在外语教学与研究出版社主编出版了"学学半"系列丛书（22种），在岳麓书社出版"湖湘文化与世界"系列丛书（8种）。后者从中西文化对比角度对湖湘文化与西方文化之间的交互影响进行多维研究，为"湖湘文化走出去"战略实施提供了一些参考性建议。

二、行动是学者的使命

《礼记·中庸》有言："或生而知之，或学而知之，或困而知之，及其知之一也。或安而行之，或利而行之，或勉强而行之，及其成功一也。"这句话是说，一方面要在不断克服困难的过程中求得知识，另一方面有了知识还应当勉力实践。德国哲学家费希特认为，学者仅仅为了知识而首先指向知识，表现为求知欲；为了以理念塑造学者自己的人格生命，并且在自由行动中改造感性世界，学者还需持久地勤奋和不懈地研究。这便是作为学者的使命。

改革开放以来，外语界的先行者先后制定了若干个高校英语教学大纲。[1]1978年制定的《高等学校英语专

---

1 蒋洪新.关于《英语专业本科教学质量国家标准》制订的几点思考 [J].外语教学与研究，2014b，（3）：456-462. 顾伟红.改革开放后高校英语专业课程设置的变革 [J].开封教育学院学报，2016（7）：107-108.

业基础阶段实践课教学大纲》是国内第一个独立、完整的高校英语专业教学大纲。1989年和1990年先后颁布《高等学校英语专业基础阶段英语教学大纲》和《高等学校英语专业高年级英语教学大纲》，这两个教学大纲确定了我国英语专业教学的基本模式。2000年颁布的《高等学校英语专业英语教学大纲》将四年的教学过程视为一个连续统一的整体，明确了21世纪英语专业的培养目标，确立了英语专业人才的培养规格，注重语言基本功培养，将专业课程分为英语专业技能、英语专业知识和相关专业知识三大板块。这些大纲为我国英语专业教学质量的提高和有序发展作出了卓越贡献。

在戴炜栋教授、何其莘教授的带领下，从2000年起我有幸与外语界同仁一道参与了全国外语教育教学改革工作。2013年，第五届高等学校英语专业教学指导分委员会成立，我忝列副主任委员一职；同时，我以承担教育部哲学社会科学研究重大课题攻关项目子课题"我国外语教学国家标准的制定与实施研究"为契机，受高等学校外国语言文学类专业教学指导委员会委托，在钟美荪教授、仲伟合教授的领导下，与各位同仁牵头研制《普通高等学校本科专业类教学质量国家标准（外国语言文学类）》（以下简称《国标》），受到学界和社会的广泛关注。为了更好地贯彻相关教学质量国家标准，我们又组织国内外专家起草相应的配套方案，目前《普通高等学校本科外国语言文学类专业教学指南（上）——英语类专

业教学指南》（以下简称《指南》）已初步成型。这里我就
《国标》和《指南》的研制作几点说明。[1]

　　其一，《指南》由专业课程体系（含核心课程描述）、
阅读书目等部分组成。我们在编写过程中遵循了三条基
本原则。一是分类指导，注重多元与差异。我国开设英语
专业的院校众多，在办学层次、学科门类、办学重点等方
面存在较大差异。经过多次讨论和调研，对英语类本科
专业课程体系分别进行了界定，对核心课程进行了描述，
适用于开设英语专业的绝大部分院校，具有较强的代
表性。二是责任制与程序性自治相结合。我们提出的教
学计划等着重于"参考"二字，以凸显指导作用，同时也
表明各院校不应照搬挪用，应根据自身实际情况进一步
细化和调整，制定出符合自身实情并彰显自身特色的人
才培养方案。三是课程设计突出内容依托，回归人文本
位。过去一段时期，"语言工具论"大行其道，语言教学偏
重于把语言当作交流沟通的工具。我们特别注重内容依
托，希望在实施专业语言技能教学的同时，回归人文传
统和本位，这也成为人才培养参考方案中课程设计的重
要导向。[2]

1　蒋洪新.关于《英语专业本科教学质量
国家标准》制订的几点思考 [J]. 外语教学
与研究，2014b，（3）：456-462.
蒋洪新，简功友.全人教育与个性学
习——英语专业《国标》课程体系的研
制与思考 [J]. 外语教学与研究，2017
（6）：871-879.

2　蒋洪新.人文教育与高校英语专业建设 [J].
中国外语，2010（3）：10-13，18.

其二，核心课程是"所有学科都要学习的共同课程，是学校（或系科）所设课程中最重要、最基础的部分"。我们认为，英语专业核心课程处于整个英语专业课程系列的中心地位，是其他类型课程的基本依托，其教学效果与学生的语言能力养成息息相关。然而，由于认识不一、教学视角不同、教学侧重各异等原因，专业核心课程的教学在部分院校并没有得到很好的开展，学生的语言基础不够扎实。在上述背景下，解决核心课程教学的规范问题显得十分迫切。我们希望通过专业核心课程描述，为教学内容和方法设定边界，帮助教师明确教学导向、厘清教学思路、规范教学行为并提高教学水平，从而推动英语专业人才语言技能水平整体跃升。

其三，英语专业属于人文学科范畴，这意味着人文教育与专业技能培养同等重要，缺一不可。高等学校外国语言文学类专业教学指导委员会委托我们牵头成立英语专业阅读参考书目起草工作小组，制定阅读参考书目。历时三载，我们参考了国内外著名大学的多份书单，汇聚了国内外40余位专家的建议和学界智慧，还通过组织学术会议、开展问卷调查等途径广泛征求意见，对阅读参考书

左图
作者受邀担任
CCTV 杯全国
英语演讲比赛
总决赛评委

目的框架和内容进行了多次调整和修改。我们起草小组根据对学生平均学习时间和阅读速度的调查情况，确定了进阶（预备）阅读书目、必读书目和推荐阅读书目三个板块，并最终设定了65本的书目数量，形成了层次分明、循序渐进的阅读路线，符合学生语言水平渐进提升的发展规律和古圣先贤倡导的循序致精的读书之道。[1]我们还特别邀请了一批海内外著名专家学者进行导读和注释，以此拉近学生与名著之间的距离，进一步丰富学生的认知和审美体验。

《国标》和《指南》的意义在于从思想、目标、实践等多个维度为各院校专业建设和人才培养提供参考建议。我希望能与全国的同仁一道，进一步加大外语教学改革力度，培养出更多适应社会和时代要求的高水平外语人才，共同推动我国外语教育和学术事业迈上新台阶。

三、为新时代培育新力量

习近平总书记强调指出："让和平的薪火代代相传，让发展的动力源源不断，让文明的光芒熠熠生辉，是各国人民的期待，也是我们这一代政治家应有的担当。中国方案是：构建人类命运共同体，实现共赢共享。"[2]

1　蒋洪新，简功友. 关于制定《英语专业本科生阅读参考书目》的几点思考 [J]. 外语教学与研究. 2016（4）：606-613.

2　习近平. 习近平谈治国理政（第二卷）（中文版）[M]. 北京：外文出版社，2017：539.

人类共同价值是一种价值共识。2013年，习近平总书记首次提出"构建人类命运共同体"的倡议。这一倡议于2017年11月被写入第72届联合国大会第一委员会决议，2018年3月被写入中国宪法，其意义非同寻常。它有利于中国的发展，也符合联合国17个可持续发展目标倡导的精神，必将惠及全球。构建人类命运共同体，世界各国应以开放包容、合作共赢的心态谋求共同发展，以不断对话与协商来增强趋同性，以不断完善机制性合作来发挥建设性作用。这就需要一大批卓越的外语复合型人才。这正是新时代赋予外语教育工作者的新使命。[1]

1998年以来，我与我的团队把培养卓越外语复合型人才视作学科发展的第一要务。经过努力，湖南师范大学外国语言文学学科率先在湖南高校中实现了博士点、博士后流动站和一级学科博士点零的突破，并于2007年获批国家重点学科，2017年入选国家"世界一流"建设学科，教师团队入选首批"全国高校黄大年式教师团队""全国教育系统先进集体"。这些成绩的取得，固然离不开我们学科团队的齐心协力、集体攻关，更离不开外语学界方方面面的关心支持和无私帮助。对此，我们一直心存感念。如果说我和我的团队尽心尽力做了些工作的话，我想重点工作主要体现在三个方面，这些工作对于新时代外语新人才的培养也具有现实启示意义。

1 蒋洪新，简功友．关于制定《英语专业本科生阅读参考书目》的几点思考 [J]．外语教学与研究，2016（4）：606-613.

第一，全面落实立德树人根本任务。在全球化时代，人们面临更多选择和挑战，外语学科作为中西文化碰撞交融的前沿学科，引导学生坚定理想信念尤为重要。我们高举教师教育大旗，不断健全完善卓越外语复合型人才培养体系，成立语言与文化研究院，整合中国语言文学、哲学、中国史等学科资源，在外语教育中融入中华优秀传统文化和社会主义核心价值观。我们加强学生的跨文化能力建设，与美国瑞宏实验室（the Red Hen Lab）合作成立亚洲数据中心，强化培养国际化复合型人才，许多毕业生活跃在外交部、联合国等国家部委和国际组织的舞台上；教育引导学生脚踏实地、勤于进取，培养了湖南60%以上的涉外人才、70%以上的中学高级职称外语教师，为乡村振兴和基础教育均衡发展作出了积极贡献。

第二，主动服务国家经济社会发展。纳尔逊·曼德拉（Nelson Rolihlahla Mandela）曾说过："若你用一个人能理解的语言与他交谈，可以传递至他的大脑；若你用一个人的母语与他交谈，可以传递至他的心灵。"推进"一带一路"建设过程中，民心相通尤为重要。"民心相通"的基础是不同语言文化的相互交流、相互理解和相互融合。我们紧扣"一带一路"倡议，努力办好英语、俄语、日语、朝鲜语、法语、德语、西班牙语、葡萄牙语、阿拉伯语、波斯语、乌尔都语等外语专业，为"一带一路"建设输送高素质外语人才；同时，加强跨文化、国别与区域等问题研究，建立美国、俄罗斯、东北亚研究中心等三家教育部国别与区域研究备案中心和五个省级研究机构与智库，入选中联部"金砖国家智库合作中方理事会"和"'一带一路'智库合作联盟理事会"成员单位。

第三，推进中国价值观念对外传播。要顺利实施构建人类命运共同体的中国方案，关键在于提高国家文化软实力。相关数据显示，以英语为载体传播的信息占世界信息传播总量的65%；互联网上英语信息约占90%，中文信息占比不到1%，文化和信息的不对称传播对我国的文化和价值观形成了不小冲击。[1]夯实传播能力的基础在于外语教育和翻译。为有效推进中国文化对外传播，我们与俄罗斯喀山联邦大学、美国南犹他大学、韩国圆光大学合作建立了3所孔子学院，经国务院侨务办公室批准设立了华文教育基地，创办了《外国语言与文化》中英文两种期刊，出版了"湖湘文化与世界"系列丛书，承担了

左图
2014 年 7 月，作者（右一）陪同世界银行行长金镛（中）考察湖南师范大学并担任翻译

1 王辉，王亚蓝."一带一路"沿线国家语言状况 [J]. 语言战略研究. 2016（2）: 13-19. 彭龙. 中国外语教育发展的重要趋势 [J]. 中国高等教育. 2017（7）: 16-19.

多项中华学术外译项目等。我们希望通过讲好中国故事，传播好中国声音，为中国文化"走出去"战略实施作出应有的努力和贡献。

有梦不觉天涯远，扬帆起航正当时。推进我国外语教育改革，应遵循外语教育的内在发展规律，回归人文教育的本质，为我国经济社会发展和构建人类命运共同体培养更多更高质量的外语复合型人才。愿我国外语教育与学术事业在全面深化改革的时代春风里焕发出新的勃勃生机。

（本文根据发表于《外语界》2018年第6期的同题文章修改而成）

袁可嘉：青山绿水皆我故乡

　　袁可嘉（1921-2008），浙江省慈溪市崇寿镇人。著名诗人、翻译家、英美文学专家，1946年毕业于西南联合大学外国语文系英国语言文学专业，历任北京大学西语系助教，中共中央宣传部《毛泽东选集》英译室翻译，外文出版社翻译，中国社会科学院外国文学研究所研究员，中国社会科学院研究生院教授、博士生导师等。1941年开始发表作品，1962年加入中国作家协会。创作新诗《死》《我歌唱，在黎明金色的边缘上》《沉钟》《岁暮》等三十多首，与辛笛、穆旦等合著《九叶集》，翻译《彭斯诗钞》等十余部，编著出版《外国现代派作品选》《欧美现代十大流派诗选》《现代派论·英美诗论》《论新诗现代化》《欧美现代派文学概论》《半个世纪的脚印——袁可嘉诗文选》等。

一

　　1921年9月18日，袁可嘉生于姚北六塘头袁家村（今属慈溪市崇寿镇大袁家村）。"这地方离钱塘江不过十里，是个滩涂产盐区，一眼望去，千里平川，地面白皙如晶。早晚潮起潮落，人们以木板储盐卤，日晒制盐为业"。[1]他的曾祖父因谋生从绍兴汤湾迁来此地，祖父和父亲都很开明，从事食盐运销，经三代人苦心经营，

1　袁可嘉. 我与现代派 [J]. 诗探索. 2001（Z2）：187-202.

158

到20世纪30年代已成为当地一家殷实商户，对地方建设贡献良多。母亲是旧式家庭妇女，为人善良，备极辛劳。袁可嘉共有兄弟姐妹9人，他排行第五，3岁时曾患疝气，幸得堂兄袁可仕治疗才保全了性命，堂兄是一位热带病医生。袁可嘉小时多病，一直由外祖母抚育照顾。7岁启蒙，进入当地庆德小学，识字渐多，尤爱课外书，接触到家藏《西游记》《爱的教育》和由其长兄袁可尚带来的《呐喊》、冰心的《寄小读者》等新文学书刊，萌发了对文学的兴趣。10岁开始学习英语，"颇觉投入"。12岁初小毕业，考入余姚县第一高等小学。

对于童年时代，袁可嘉有着美好的记忆。1999年，年近八旬的袁可嘉在纽约写下回忆家乡的文章《故乡亲，最亲是慈溪》。他充满感情地说："相公殿离我家不过三里，是我父辈一手开辟起来的河港。虽说只有一条小街，却也颇有不少店铺，如布店、米店、杂货店、理发店等等，是姚江农村一个小小的集散地，人们可以在这里买到上海、宁波运来的物品，也可出售自己的土产，在我童年的印象中是相当不错的。在修公路通汽车以前，乡亲们就靠这里的快船（航船）与外界交流信息和物资，我童年时读到的《申报》和《大公报》等报刊就是从这个窗口输送进来的启蒙读物……相公殿作为一个对外窗口，我深怀感激之情，因为它是我童年引发远游幻想的第一个起点。我常常去看港口来往的各种船只，寄托我云游四海的希望。"[1]

1 李佳册. 以诗歌之名相聚在慈溪 [N]. 慈溪日报. 2015-10-28.

袁可嘉说，童年给了他两件珍贵的礼物——大海和书。从大海学到宽阔胸怀。他在《我与现代派》一文中写道："我喜欢一望无际的大海，它给我博大、深沉、自由、多变的感觉，静如处女，动如猛虎，它的创造力和破坏力都叫我惊讶。""海给我的印象主要是正面的、积极的，在我早期诗作是出现频率颇高的意象。它也增强了我性格中喜爱幻想和远行的成分。"从书中学到启蒙文化。他特别痴迷《西游记》，"几乎夜夜梦见孙悟空"。"意大利作品《爱的教育》使我大为感动，对祖国的爱、对亲人的爱、对事业的爱，对危难人们的同情都激动幼小的心灵。"[1]

左图
袁可嘉先生

1934年，袁可嘉在余姚一小结业后，跟随长兄袁可尚去上海自学半年。长兄比他大9岁，曾在清华大学就读，不但在生活上给予悉心照料，还教他英语和数学，支持、鼓励他读书求学，这对袁可嘉后来专攻英美文学产生了

1 袁可嘉. 我与现代派 [J]. 诗探索，2001（Z2）：187-202.

极大影响。1935年，袁可嘉考入浙江省立第四中学（即宁波中学）初中部。"宁波是著名商埠，宁中以师资雄厚著称"。[1]他抱定"男儿立志出乡关，学业不成誓不还，埋骨何须桑梓地，人间到处有青山"之决心，在宁中认真听讲，刻苦学习，积极参加校刊编辑工作和各类学术活动，打下扎实的英语和写作基础。他也喜欢足球、篮球、排球、乒乓球和骑自行车，锻炼身体和胆识。

抗战全面爆发后，原已考入浙江省立杭州高中的袁可嘉回到家乡，在庆德小学教书一年，业余从事抗日宣传活动。血气方刚的他认为"一个青年与其坐等家乡沦陷，成为敌人奴隶，不如投笔从戎，走上抗日前线"，遂考入战时干部训练团第四团民训大队。受训6个月后，被派往驻守湖南攸县的国军第103师政治部见习。当时正是国共合作时期，抗日热情高涨，但"国军内部贪污腐化、鱼肉百姓的内情"让袁可嘉十分失望。在长兄的帮助下，他于1939年夏考入从南京迁来四川巴县的青年会中学高中部。据诗人余光中回忆，那年他入初一班，袁可嘉已是高二班的高材生，还担任了军训大队的大队长，全体寄宿生在膳堂吃完饭，得由他喝令"起立"并代表大家向训导主任鞠躬，才能全体"解散"。1940年冬，袁可嘉入南渝中学（即重庆南开中学），教授英文的是柳无忌先生的夫人。这时期，他读到了朱光潜《给青年的十二封信》和《文艺心理学》《中学生杂志》，以及许多抗战诗歌，兴趣逐渐向诗歌和文论靠近。这对其后来的发展颇有影响。

1 袁可嘉. 我与现代派 [J]. 诗探索，2001（Z2）:187-202.

二

    1941年秋，袁可嘉以同等学力资格考入昆明国立西南联大。那时的联大新校舍，只不过是以铁皮为顶、草皮泥土垒墙的一排房子。西南联大真是中国历史上极为特殊的学府，它是由北方三所名校北大、清华、南开组成，可谓名家荟萃，人才济济，文理工商（财经）师范五院有的是学科创始人或专家权威。中文系和外文系更拥有一批著名诗人、作家、教授，如中文系的闻一多、朱自清、沈从文、杨振声、罗常培、余冠英、李广田、废名等，外文系的吴宓、叶公超、钱锺书、冯至、卞之琳、燕卜荪等。这些老师都学有专长，著译丰赡，品格高尚，平易近人，吸引了全国一大批文艺青年。

    袁可嘉在自传中说，考入西南联大是他学习生活中的关键一步，"那时我的人生道路已逐渐明确，立志做一位作家兼学者"，且"有幸在这里遇见了许多好老师，沈从文、冯至和卞之琳等先生都对我有过许多帮助"。[1]三位老师的为人与为学，对袁可嘉影响深远。

    袁可嘉称沈从文先生是引导他走上文学创作和评论道路的恩师。在西南联大时，沈从文先生在中文系，袁可嘉没有直接听过他的课，但爱读他的作品，常去他家访谈。听他谈文坛掌故，论古今文学，说写作艺术，风趣横生，如坐春风。沈从文先生为人的热诚，对学生的爱护，

1 袁可嘉.自传：七十年来的脚印 [J]. 新文学史料, 1993（03）：147-166.

见识的高超，常常让其感动不已。袁可嘉发表的诸多诗文，大部分都是经沈从文先生亲自审阅，并登在他主编的《大公报》"星期文艺"和《益世报》文艺副刊上的。袁可嘉对沈从文先生一直心存敬意。许多年后，当他得知岳麓书社出版了一套《沈从文别集》，就立刻给我（即作者蒋洪新——编者注，下同）打电话，要我给他买一套邮寄过去，以便写一点回忆和纪念老师的文章，寄托自己的思念之情。

冯至先生在西南联大时爱穿西服，身材高大壮实，说话舒缓和蔼，显出一副稳重恢宏的学者风度。袁可嘉听他讲授过歌德、里尔克等诗人，大开眼界。他在1942年读到《十四行集》时，"好似目睹一颗彗星突现，照亮了新诗质变的天空"。袁可嘉称冯至先生用日常素材，以朴素含蓄的语言，鲜活生动的形象表达了深刻的思想和旷远的意境。这让他开始认识诗不止是激情的产物，而是生活体验的提炼结晶，沉思和理性、观察和体悟在诗中有特殊作用。他还评价冯至先生的散文《山水》读来亲切，引人思索；小说《伍子胥》则以存在主义的观点写出了一个历史人物在生死关头时的生存感知，运用了内心独白等意识流写法，无疑是现代主义小说的杰作。

1941年，袁可嘉初次见到卞之琳先生，还误称他"卡"先生，卞之琳纠正他说"我姓卞，不姓卡"，弄得他很不好意思。后来，袁可嘉对卞之琳的《十年诗草》爱不释手，深觉现代敏感和古典风范的融合已到了精纯的地步，其中的《慰劳信集》更是为我国多年来沉滞不前的政治社会抒情诗闯出了一条新路。卞诗创作对袁可嘉的影响主要表现在他1946年所写的一些诗里，如《沉钟》《空》等篇中，从情调、词藻到意象都有新月派和卞诗的烙印，"几可乱真"。定居美国后，袁可嘉还曾经托我去拜谒卞先生，可惜卞先生年事已高，不方便再接见外人。在卞之琳先生从事诗歌创作60周年之际，袁可嘉撰《略论卞之琳对新诗艺术的贡献》一文，谈到他在西南联大读卞之琳的诗爱不释手，事隔半个世纪，重读卞先生的诗仍然有当年初读时的强烈喜悦感。卞先生去世后，袁可嘉不顾高龄，在女儿袁晓敏陪伴下，从美国坐轮椅赶回祖国参加追思会。我也特地从湖南赶到北京与之相聚，那也是我们师徒最后的相聚。

袁可嘉早期沉浸于英国19世纪的浪漫主义诗歌中，诵读拜伦、雪莱、济慈、华兹华斯等人的作品，深受其感染，以为天下诗歌至此为极。他自己也学着写一些青春期的感伤诗。大学期间，袁可嘉的兴趣从浪漫派文学转向了现代派文学。他评述说："我最初喜爱英国浪漫主义和徐志摩的诗，1942年以后接触到西方现代主义文学，卞之琳的《十年诗草》和冯至的《十四行集》，觉得现代派诗另有天地，更切近现代人的生活，兴趣就逐渐转移。我学习他们的象征手法和机智笔触，力求把现实与象征和机智两种因素结合起来，使诗篇带上硬朗的理性色彩。"[1]也是在1942年，除了卞之琳的《十年诗草》和冯至

1 袁可嘉. 半个世纪的脚印——袁可嘉诗文选 [M]. 北京：人民出版社，1994：1.

的《十四行集》外，袁可嘉还读到美国意象派诗歌和艾略特、叶芝、奥登等人的作品，感觉这些诗比浪漫派要深沉含蓄些，更有现代味。当时校园内正刮着一股强劲的现代风，就这样，他的兴趣由浪漫派文学逐渐转向现代主义。此时的代表作主要有《沉钟》（《文艺复兴》1946年第2卷第1期）。这首诗写得沉郁雄健，初读很难设想是出自一位二十几岁的年轻人之手。

沉钟

让我沉默于时空，
如古寺锈绿的洪钟，
负驮三千载沉重，
听窗外风雨匆匆；
把波澜掷给大海，
把无垠还诸苍穹，
我是沉寂的洪钟，
沉寂如蓝色凝冻；
生命脱蒂于苦痛，
苦痛任死寂煎烘，
我是锈绿的洪钟，
收容八方的野风！

（袁可嘉，1994：6）

这首诗抒发了青年诗人的历史沧桑感，他将自己喻为沉寂的洪钟，置于横穿亘古的时空之中。

三

　　袁可嘉的诗歌创作与其诗学主张密切相关。青年时期，袁可嘉就显露出评论家的锋芒。1946年冬到1948年底，他在《诗创造》和《中国新诗》上发表的诗歌和诗学观点，在当时文坛就颇有影响。他与当时分散于南北各地的其他八位青年诗人王辛笛、陈敬容、杭约赫、杜运燮、穆旦、郑敏、唐祈、唐湜，在理论上遥相呼应，"追慕英国邓约翰以降的玄学诗风，强调形式上的传统格律与风格上的虚实相生，艺术科学相逼，感性知性兼通"[1]。"文革"结束后，他们发现自己过去的诗歌还可以为新一辈诗人提供借鉴，于是相约出一本诗集。王辛笛说："我们知道自己的位置，我们不是鲜花，就做一点绿叶吧，九个人就九叶吧。"于是他们每个人挑选出几首自己上世纪40年代创作的诗，1981年出版了《九叶集》。之后他们也就被大家称为"九叶诗派"了。

　　在编辑《九叶集》时，这些诗人公推袁可嘉作序。袁可嘉在序中说："这些作品是四十年代中国的部分历史的忠实记录。九位作者作为爱国的知识分子，站在人民的立场，向往民主自由，写出了一些忧时伤世、反映多方面生活和斗争的诗篇。内容上具有一定的广度和深度，艺术上，结合我国古典诗歌和新诗的优良传统，并吸收西方现代诗歌的某些手法，探索过自己的道路，在我国新诗的发展史上构成了有独特色彩的一章。"又明确指出，这些诗

1　余光中．袁可嘉，诚可嘉 [A]．方向明主编．斯人可嘉——袁可嘉先生纪念文集 [C]．杭州：浙江文艺出版社，2014：序一．

人"由于对诗与现实的关系和诗歌艺术的风格、表现手法等方面有相当一致的看法，在风格上形成了一个流派"。他还评价了这些诗人的艺术风格和鲜明个性："穆旦的凝重和自我搏斗，杜运燮的机智和活泼想象，郑敏塑像式的沉思默想，辛笛的印象主义风格，杭约赫包罗万象的气势，陈敬容有时明快有时深沉的抒情，唐祈的清新婉丽的牧歌情调，唐湜的一泻千里的宏大气派与热情奔放。"这篇序言，自然成为研究"九叶诗派"的第一篇论文，但袁可嘉对自己的创作只字未提。

对于"九叶诗派"这个比较特殊的群体，《中国现代文学史》给予了高度评价："九叶诗派强调反映现实与挖掘内心的统一，诗作视野开阔，具有强烈的时代感、历史感和现实精神。在艺术上，他们自觉追求现实主义与现代派的结合，注重在诗歌里营造新颖奇特的意象和境界。他们承接了中国新诗现代主义的传统，为新诗的发展作出了贡献。"他们的诗对后来的舒婷、北岛、顾城等一批诗人产生过重要影响。

作为"九叶诗派"诗人，袁可嘉的第一首诗《死》，是为悼念重庆大轰炸中的牺牲者而作，发表在1941年7月的重庆《中央日报》上。第二首诗是歌颂抗战的浪漫主义作品《我歌唱，在黎明金色的边缘上》，发表在1943年7月7日香港《大公报》上，后又由他的老师冯至刊发在昆明《生活周报》副刊上。至1948年，袁可嘉在沈从文、朱光

1　袁可嘉等.九叶集[M].南京：江苏人民出版社，1981：3-18.

潜、杨振声、冯至等主编的报刊上发表了《沉钟》《岁暮》《空》《无题》《冬夜》《进城》《上海》《南京》《旅店》《难民》《出航》《母亲》《墓碑》等20余首新诗。这些诗后来都选入了《九叶集》。

有研究者这样评论袁可嘉的诗："在内容上切近社会现实，真实反映了反动统治的黑暗腐败，以及民众的悲惨生活；在艺术上，则借鉴了西方现代主义象征、通感等手法，追求多层次的含义；其诗的语言机智、冷隽、幽默。由于知性这一九叶派诗人共同的特点，使袁可嘉的诗蕴含深邃的思想，使他能更加深刻地揭露当时社会的反动本质。"[1]

"九叶诗派"诗人王辛笛之女王圣思教授说："袁可嘉早期的代表作《沉钟》《空》《岁暮》《墓碑》体现了这个阶段自身的空灵飘忽哲思的特点，抒发对生命的沉思，内在的体验、自省的探求。"[2]

四

1945年抗日战争胜利结束，次年5月西南联大完成了八年育人三千的光荣使命，宣告解散，北京大学、清华大

---

1 刘士杰.现实土壤上的现代诗花——论袁可嘉的诗 [A].方向明主编.斯人可嘉——袁可嘉先生纪念文集 [C].杭州：浙江文艺出版社，2014：231-241.

2 王圣思.悼念袁可嘉先生的一封信 [A].方向明主编.斯人可嘉——袁可嘉先生纪念文集 [C].杭州：浙江文艺出版社，2014：72-85.

学、南开大学分别迁回北京、天津。10月间，袁可嘉由恩师袁家骅推荐，被聘为北京大学西语系助教，担任大一英语课的教学工作。在教书之余，他有更多时间从事新诗创作和新诗理论研究。1947年和1948年两年间，袁可嘉进入了生平第一个创作旺盛期，在由沈从文、朱光潜、杨振声和冯至主编的报刊上发表新诗20余首和一系列关于新诗现代化的评论文章，倡导新诗走"现实、象征和玄学（指幽默机智）相综合的道路"。1947年，诗人陈敬容与袁可嘉通信，约北方青年诗人（穆旦、杜运燮、郑敏、马逢华等）为他创办的《诗创造》《中国新诗》撰文写稿，这个南北串连就是"九叶诗派"的肇始。袁可嘉这一时期的评论文章曾以"新批评"为名，收入朱光潜主编的诗论丛书，因战乱关系，稿件在寄投途中丢失，直到1988年才结集成《论新诗现代化》一书，由北京三联书店印行。此书被誉为"九叶诗派"的诗学纲领，是"五四"以来我国现代主义诗学发展中的一个重大突破。

1950年夏，袁可嘉调离北大，在中共中央宣传部《毛泽东选集》英译室任译校员。"毛选"英译是中国翻译界的汉译英经典之作，是老一辈翻译家集体智慧的结晶，其中也凝结了袁可嘉先生的一份心血。"这时期，我认真地学习了毛泽东著作和一部分马列主义经典作品，思想上大有长进；在翻译业务上，又得到著名学者钱锺书先生的指导，也颇有提高。"他与钱锺书先生一起翻译《毛泽东选集》1—3卷，同时参加翻译工作的还有金岳霖、王佐良、郑儒箴、浦寿昌等。对这段工作经历，袁可嘉在自传中一再提到在翻译业务上，得到了著名学者钱锺书先生的指导；后来在英译杨朔的《三千里江山》时，他又一次提到"经钱锺书先生修改"；对英译陈其通的剧本《万水千山》一事，他在自传中也表示要感谢"英国专家修改"。由此可见袁可嘉谦虚的为人和谨严的译风。他的严谨治学态度还可以从他在《毛选》翻译期间所写的四篇翻译论文中看出，如在《论译注和加注的原则》一文中，仅就是否加注和如何加注这个问题，他就在该文中做了洋洋大论，并提出切实可行的六条原则。

早在西南联大读书期间，袁可嘉就开始从事翻译工作。他曾应英国教授罗伯特·白英（Robert Payne）的要求，翻译了几首徐志摩的诗，发表在《当代中国诗选》（1947）上。但"专门从事翻译则在五十年代的最初六年，以后以研究为主，翻译是副业了"。1955年1月20日，袁可嘉和在原第四机械部十局做俄文翻译工作的程其耘结婚。同年11月14日长女袁晓敏降生，1957年3月9日又得次女袁琳。一家人住在北京西城象来街一摇摇晃晃的危楼之上。程其耘体弱，不堪家务重担，但为了丈夫的工作，毅然于1957年退职，从此一心照顾家庭，含辛茹苦，乐此不疲。

作为著名的翻译家，袁可嘉对英诗汉译有着自己的见解。他说："我以为比较明智的办法是宽严有度，不作绝对化的追求，在影响译文流畅或风格表现时，宁可在形式上做点让步。"[1]他告诫译诗者要避免两种做法：一是语言一般化，即"以平板的语言追踪原诗的字面，既不考虑一般诗歌的应有特点，也不照顾个别诗人的语言特色，结果既不能保持原诗的真正面貌，更谈不上传出原诗的神味"[2]；二是语言的"民族化"，把外国诗歌汉译成整齐划一的中国五言、七言或者中国民歌，这样虽有诗意，但经常导致削足适履，矛盾重重。袁可嘉举例说："译的是美国歌谣，那又怎样把美国的民族性'民族化'过来呢？如果硬要民族化，便是改成中国化的东西了，结果作品不伦不类，甚至庸俗化。"[3]1986年，他应聘到香港讲学与访问，作了一篇题为《译坛近况和译诗问题》的报告。香港《明报周刊》的记者就翻译方面的问题专门采访了他，记者问他："究竟译诗时，有什么原则可跟随？又有什么地方要注意的？"他回答说："这其中并没有特定的原则和标准，简单地说，就是忠实地把原文的精神、风格、内容传达过来。首先要明白是艺术性的翻译，不是技术性的，所以不是逐字逐句地译过来就算。一切要看对象。"他对英诗汉译的理论探讨深入具体，切中时弊。如，他针对几十年来我国对西方自由体诗的翻译问题及其对我国新诗创作所带来的影响，发表了《自由体诗可以自由地译吗？》一文。该文首先探讨自由体诗本身的特点及其规律，并提出翻译原则："既然自由体诗具有这样一种两

1 袁可嘉.关于英诗汉译的几点随想 [J].中国翻译，1989（5）：11-15.

2 卞之琳、叶水夫、袁可嘉、陈燊.十年来的外国文学翻译和研究工作 [J].文学评论，1959（9）：41-77.

3 袁可嘉.关于英诗汉译的几点随想 [J].中国翻译，1989（5）：11-15.

重性，作为一种诗体有相对（于格律诗）的自由。作为一种诗，又并无特殊自由。我们译它时也只能亦步亦趋，在它自由时自由，在它不自由时不自由（有时它不自由，我们要点自由，那不是出于无知，便是出于无奈，不得已也）。这就是说，由于译作得处处以原作为准，译者除了有跟着作者走的自由之外，是谈不上别的自由的。"[1]袁可嘉从事诗歌翻译达几十年之久，仅英诗汉译这一项就成绩斐然，硕果累累，受到译界的交口称赞。

他出版的翻译诗集有：《天真之歌·布莱克诗选》（与查良铮等合译，人民文学出版社，1957），《米列诗选》（新文艺出版社，1957），《彭斯诗抄》（新文艺出版社，1959），《英国宪章派诗选》（上海文艺出版社，1960），《美国歌谣选》（外国文学出版社，1985）等。

经过自己多年的译诗实践，袁可嘉深有体会地说："我译诗有自己的想法，我不强求形式上的亦步亦趋，而力求传出神韵，念来有味，但也不主张脱离原诗体式，随意乱译。"他还说："翻译诗歌不是一种不可能的传达方式，而是一种不完美的传达方式而已，翻译工作者和文艺工作者一样，所追求的是要超越那不完美的境界。"[2]如斯所言，正是他不懈追求的。

1　袁可嘉．自由体诗可以自由地译吗？[J]．中国翻译，1994（5）：16-20.

2　袁可嘉．关于英诗汉译的几点随想[J]．中国翻译，1989（5）：11-15.

五

1957年春，袁可嘉经恩师卞之琳的引荐，调入中国科学院，任社会科学部文学研究所西方文学组助理研究员，正式开始从事英美文学的研究和翻译工作。不久后，反右运动开始，袁可嘉因"右派言论"受到审查，于1958年10月下放到河北建屏农村接受劳动锻炼。也是在那个冬天，袁可嘉拾起牛津版《彭斯诗选》，觉得诗中的情调和其当下的境遇很吻合，因此译出了七十余首，编成《彭斯诗钞》，由上海新文艺出版社印行，正赶上1959年彭斯二百周年诞辰的纪念活动。1963年以后，袁可嘉接连参加了三期"四清"运动，先后到过安徽寿县、江西丰城和北京郊区门头沟的农村工作，业务工作完全陷于停顿。但1964年他还在《光明日报》上发表了一篇引起争议的文章《拜伦和拜伦式英雄》。

1964年7月原属文学研究所的外国文学部分独立组成外国文学研究所，实行"下乡建所"。袁可嘉随全所人员到安徽寿县九龙公社参加"四清"运动，接着又去江西丰城搞了半年，1966年5月再赴北京郊区门头沟参加"四清"，还未及进村，"文化大革命"开始，又回城投入运动。

1970年7月，袁可嘉随外文所到河南息县东岳公社"五七"干校参加体力劳动，次年回明港，投入清查"五·一六反革命分子"的运动。1973年，袁可嘉因接待原西南联大老同学、美籍作家许芥昱来访，被诬陷为犯有"为美国间谍提供情报的反革命罪行"，遭到公开批判，在单位接受监督劳动，每天打扫厕所，这桩冤案直到1979年秋才获平反。袁可嘉在回顾自己的学术经历时说："我有15年之久（1965—1979）搁下了笔杆，构成写作生涯中的一片巨大的空白，而那正是我44—58岁的成熟年代，想起来是太可惜了。"[1]

1979年，袁可嘉迎来了学术生涯的第二个春天。在大学毕业33年以后，袁可嘉成为副研究员，并兼任中国社科院研究生院外文系副教授，讲授西方现代派文学，带硕士研究生。1983年袁可嘉被评为研究员，兼任研究生院教授和博士生导师。时距1946年他开始当北大助教，已过去了37年。此后，袁可嘉继续为译诗、研究现代派、讲课、带研究生而忙碌，直到1987年12月办理退休手续，后因带博士研究生，续聘至1996年。这一段时间，是袁可嘉学术生涯的鼎盛期。他在自传中写道："回想起来，1979—1991的12年间是我一生中思想最活跃、产品最多、社会活动最频繁的年代。这首先要归功于改革开放带来的有利环境和社会各界对我的鼓励支持。"[2]

我正是在这段时间里有幸结缘袁可嘉先生。1988年10月，全国文学翻译研讨会在湖南师范大学召开。经老翻译家刘重德先生介绍，我认识了在大会做主题发言的袁可嘉先生。第一眼看到先生，并不像我想象中的那么伟

1 袁可嘉.自传：七十年来的脚印 [J]. 新文学史料. 1993（03）：147-166.

2 同上.

岸，而是一位个子不高、安静、慈祥的长辈，给人印象最深的是他圆圆的大脑袋和闪烁智慧的宽阔额头。先生那次题为《新时期现代外国文学翻译工作的成就与问题》的报告，影响了我一生的学术方向。1993年我有幸考入中国社科院研究生院攻读英美文学博士，师从袁可嘉先生，这样我们成了真正的师徒。三年博士生学习阶段，我与先生见面多是在社科院上班时间周二或周四，我既可以去外文所图书馆查资料，又可以请教先生和其他老师。有时周末先生邀我与博士同学彭宇到他家聚聚。先生待我视同己出，他跟陌生人话不多，有时还可能会出现沉默而导致尴尬，他跟我在一起却有话讲，除了谈学问外，还谈谈文坛往事。现在，这样的场景还常常出现在我的梦境中：夕阳西下，从社科院大楼下班回家，我们师徒两人并肩走在建国门内大街的路上，边走边谈学问。我读书期间，社科院可谓名家云集，简直有如一部活生生的中国现代文学史，赫赫有名的人物如钱锺书、冯至、何其芳、卞之琳、罗大纲、杨绛、李健吾等，皆在此工作，袁可嘉先生与冯至先生住在同一栋楼。袁先生带我参加学术会议时，还为我介绍认识了北外的王佐良先生、北大的李赋宁先生。我博士答辩时，先生请李赋宁先生做答辩主席。事后李赋宁先生跟我说："我这把年纪很少出来主持答辩，但看了你的论文，还有袁先生的面子，我很高兴来。"先生称李赋宁先生为老师，我当时很纳闷：两位先生年龄相差不大，李先生怎么会是袁先生的师辈？先生告诉我，他当年在西南联大读书时李先生教过他法文。我的博士论文选题"T. S. 艾略特研究"也是先生亲自定的，后来经修改后出版，先生非常高兴，亲自作序。每当我翻看他用钢笔给我写的几千字的序言时，就不禁潸然泪下。

左图
1996年6月，作者（右）在博士论文答辩会后与袁可嘉先生（左）交流

　　先生是公认的"在中国新诗和西方现代派文学交融借鉴过程中，介绍最早、成果最多、影响最大的中国学者之一"。在20世纪80年代初期，由他策划、组稿并主编的《外国现代派作品选》的问世，真可谓石破天惊，在中国学术界"造成震撼性、爆炸性的影响"，为中国作家的创作提供了新的视野。这部书"主要选择第一次世界大战以来欧美、日本、印度等国属于现代派文学范围内有国际影响的十个重要流派的代表作品，以流派为经，时代为纬，分编为四册十一个专辑。第一册包括后期象征主义、表现主义、未来主义；第二册包括意识流、超现实主义、存在主义；第三册包括荒诞文学、新小说、垮掉的一代、黑色幽默；第四册包括虽不属于某个特殊的现代派，但有过较大影响，属于广义现代派的作品"。各辑附有流派

述评和作者小传。全书共四册，300万字，上海文艺出版社以5年时间出齐。先生为该书精心撰写的长达二万字的"前言"，既标志着他对现代派的研究走向成熟，也奠定了他的学术地位。

对这部书，先生自己非常满意。他在自传中说："由于此书是建国以来第一次引进现代派文学，切合当时社会需要，编选得较为系统，较为精当，译文质量较高，出版后有相当影响。"[1]蓝棣之认为："《外国现代派作品选》对于中国文学艺术在当代的转型和发展，对于当下的学术研究，其影响不仅是巨大的，而且是全局性的和整体性的。"[2]2008年，在深圳举办的"三十年三十本书"评选中，评出在改革开放三十年中对中国特别是对中国知识界影响较大的三十本书，该书榜上有名。

作为外国文学研究专家，他还编著出版了《现代英美资产阶级文学理论文选》（主编，作家出版社，1961），《现代派论·英美诗论》（中国社会科学出版社，1985），《现代主义文学研究》（上下册）（主编，中国社会科学出版社，1989），《欧美现代十大流派诗选》（主编，上海文艺出版社，1991），《欧美现代派文学概论》（上海文艺出版社，1993，获外国文学优秀图书一等奖，系国内第一部详细论述欧美现代派文学的专著），以及《半个世纪的脚

1　袁可嘉. 自传：七十年来的脚印 [J]. 新文学史料，1993（03）：147-166.

2　蓝棣之. 我所接触到的袁可嘉先生 [J]. 中日诗歌研究动态，2009（2）：238-241.

印——袁可嘉诗文选》（人民文学出版社，1994）等，许多书还多次重版，深受欢迎。

六

先生的长女袁晓敏1982年赴美留学，后留在美国发展。1991年，夫人程其耘也过去那边照顾。1996年，次女袁琳一家也移居美国纽约。但是，已经办理了退休的先生一直放不下手头的工作，放不下自己的学生，一再推迟赴美行程，选择留在北京继续工作。直到1997年秋，最后一批博士生毕业，先生才在家人的一再要求下同意到美国与妻女团聚。那一年先生已是76岁高龄，不能一个人独自在北京生活了。到了美国，他仍不忘学术研究，每月去哥伦比亚大学东亚图书馆看书，补读中西名著，修改自己已出版的全部著作，并完成四卷本《袁可嘉文集》的收集整理工作。

先生说："年轻时在北京做美国梦，一心想来美国进修；如今老了却在纽约做中国梦，夜夜想着北京。"在美国，先生一方面享受难得的家人团聚的温馨时光，另一方面心中难免对国家和家乡怀有浓浓思恋。晚年他最爱听的是李叔同作词的《送别》。有一次，师母程其耘为他弹奏这首曲子，躺在卧室床上的先生听到就随声唱了起来："长亭外，古道边，芳草碧连天。晚风拂柳笛声残，夕阳山外山。天之涯，地之角，知交半零落。一壶浊酒尽余欢，今宵别梦寒。"唱毕，先生动情地说："这是李叔同写的词，写得好哇！"想必这歌也唱出了先生晚年的心境，唱尽了对师生好友的眷眷之情。

2008年11月8日，袁可嘉先生于美国去世，享年87岁。他曾在1988年8月写下《茫茫》诗一首，诗中写道："生也茫茫，死也茫茫，宇宙洪荒，我将何往？我将何往？地狱？天堂？我将何往？火化？水葬？何处我来，何处我往，青山绿水，皆我故乡。"他晚年与家人团聚美国，后又逝于异邦，但他的诗文没有国界，正所谓"青山绿水，皆我故乡"也。

（本文发表于《传记文学》2018年第1期）

雕虫岁月与漏船载酒：漫谈翻译家杨宪益

2009年是红学翻译的大悲之年，7月英国大翻译家大卫·霍克斯（David Hawkes）病逝，11月23日我国文学翻译界巨擘杨宪益先生仙去。

我首次拜见杨先生是1995年，我的博士同学尹飞舟领我去他住的友谊宾馆谈他的《红楼梦》译本交湖南人民出版社重版之事。那是金秋的一个下午，天气特别好，他家似乎跟他的性格一样，朴实自然。杨先生夫人戴乃迭（Gladys Yang）当时已身体欠佳，全靠杨先生照顾。杨先生见了我们两位晚辈，兴致很高，邀我们陪他喝酒。戴乃迭看到我们喝酒，有说有笑，就用英文跟杨先生说："为何不给我一杯？"杨先生得知我喜欢诗并在做研究英国诗人T. S. 艾略特的论文，鼓励我说艾略特值得深入研究，随即签名送了我两本书：《近代英国诗钞》与《译余偶拾》，还将自己写的诗的手稿（用老式打字机输出），以及一份报道他与夫人戴乃迭的英文版报纸《北京情景》（Beijing Scene）送给我。近日我重阅这份报纸发现，杨先生驾鹤仙去之日，与这份报纸报道他们夫妇俩的开始日期有些巧合，均为11月23日。中国翻译协会在2009年9月17日将"翻译文化终身成就奖"授予杨宪益，认为"他翻译的中国文学作品，译文准确、生动、典雅，从先秦文学到中国现当代文学，跨度之大、数量之多、质量之高、影响之深，中国翻译界无人能企及"。这个评语是中肯的。对此类荣誉，他并不看得很重。1995年，他荣获中国作协老翻译家彩虹翻译荣誉奖时就曾赋诗自嘲："半生早悔事雕虫，旬月踟蹰语未工。恰似彩虹容易散，须臾光影便成空。"他觉得这些荣誉似彩虹、光影，须臾就会散掉。事实上，杨宪益与戴乃迭两位先生为中国翻译事业所作的贡献已经载入史册并将彪炳千古。

1915年1月10日，杨宪益出生在天津。他父亲是当时天津的中国银行行长，也是天津最富有的资本家。杨先生在他的英文自传 *White Tiger*《白虎星兆命》（大陆译本名为《漏船载酒忆当年》）中说道，他母亲生他之前做了一个梦，梦见一只白虎跃入怀中。算命先生说，这既是吉兆又是凶兆，这孩子长大后将会成就辉煌的事业，但他不会有同胞兄弟，他的出生还会危及他父亲的健康。果然，他是家里唯一的男孩，且他五岁时父亲就病逝了。他写道："在过去七十余年的生涯中，我确实经历了重重磨难。所以，那位算命先生尽可以说他的推算大致不差。"[1] 经历一辈子的坎坷人生之后，他以白虎星自嘲颇有几分命运之缘。他的一生富有戏剧性。应该讲，他的童年、青少年时代比同时代绝大多数同龄人幸运。尽管他父亲在他年幼时去世，但给家里留下了巨额财产。由于他是家中唯一的儿子，怕他遭绑架，他在十二岁前不许出门上学，家里为他专门请了私塾老师。塾师教他儒家经典、重要的中国古代作品，并教他写旧体诗。"五四新文化运动"时期，在"打倒孔家店"的口号下，许多新式学校对儒学

1　杨宪益.漏船载酒忆当年.薛鸿时译.[M].北京：北京十月文艺出版社，2018：1.

典籍与古文不那么重视。杨家为了儿子的安全，没让他出门上学，却让他得以饱读旧学经典，打下了坚实的国文基础。十二三岁时，他在生母的坚持下，进了英国教会办的天津新学书院。这所学校师资力量强大，校长哈特博士是剑桥大学毕业生。杨宪益先上了一年预科，然后在此读了六年书。该校的大部分课程如英国文学、物理、化学、世界历史、地理和数学用英国课本，由英国人讲授。由于基础好和天赋高，他在学习上似乎没花多大力气就名列前茅。与此同时，家里还为他请了一位家庭教师，教他英文与数学。没有想到的是，那位女教师冯太太恋上了比她小十二三岁的这位少爷学生。家里为了阻止这段不正常的恋情，决定提早送他出国。这个阶段他还博览大量中西名作，从英文版的司各特、华兹华斯、雪莱、拜伦、格林兄弟、大仲马、安徒生、王尔德、儒勒·凡尔纳、斯蒂文生、朱赛贝·马志尼等人的作品到中国的老子、庄子、墨子、列子，以及当时流行的黄遵宪的诗、康有为和梁启超的文章。每个星期天，这位杨家少爷都要带妹妹与仆人浩浩荡荡上街买书，因此，他以后有扎实功底的中西学问是练了童子功的。到英国后，他便投入发奋学习拉丁文和希腊文的状态中，因为他决心要考进英国最好的大学牛津大学。经过五个月的刻苦补习，他居然通过了牛津大学的希腊文和拉丁文笔试。在面试时，主考官发现他学习五个月竟然通过了英国人通常需要准备七八年才能通过的考试，不敢相信这位亚洲年轻人的本领，认为他是侥幸考过的，故以名额有限为由让他推迟一年入学。当年，他是经日本、美国和加拿大乘船去的英国。那趟旅途让这位关在家里养的少爷大开眼界。从1935年夏到1936年春这段时间，即他推迟上牛津大学那一年，他呆在欧洲时间偏多，趁机游历欧洲和地中海沿岸的名胜古迹。其中有一次旅行近一月之久。旅游地点包括直布罗陀、阿尔及尔、里斯本、西西里、马耳他、希腊，还有爱琴海、伊斯坦布尔和埃及。他乘坐头等舱，舒服顺利。这次游历更增长了他的见识与奇遇。他在自传中提到，在游埃及金字塔时有位占卜师预测他不久的将来会有位美丽的英国女孩在等待他，并将为他憔悴，无限美好的未来会等着他们，他们也会有异乎寻常的经历。果然后来他在牛津遇到了美丽的英国姑娘戴乃迭，他们相识相爱相守一生并确实有着异乎寻常的故事。发生在杨宪益身上的故事皆被中外算命先生言中。"读万卷书，行万里路。"读书与游览总是相得益彰，是人生的宝贵财富，青年时期有这两者的完美结合将会受用终生。这些珍贵的人生见识在杨宪益意气风发的年轻时代就拥有了。他在牛津念的是希腊文与拉丁文专业的荣誉学位，须先学完两年的希腊文与拉丁文再学两年的英国文学方能取得荣誉学位。他于1940年顺利地拿到了学位，名字还登在英国《泰晤士报》上，这在当时可谓殊荣。他家境富有，用不着为稻粱谋，读书于他基本上凭兴趣和靠天分，从小到大很少为考试得高分而刻苦过，因为成绩好坏对他没有多大意义，他也不想得高分而留英国工作，他的生命意义在祖国。他在牛津当然也读了许多好书，但绝不是整天泡图书馆的书虫。他兴趣广泛，热爱正义与自由。大学期间，他热情参加各种活动。当时日本入侵中国，他热心参加抗日宣传活动，组织中国学会以抵销日本学会在伦敦的影响，还油印《抗日时报》与《再生》。他还为抗日宣传编写剧本《平型关》《紫漠黄昏》（依据吴王迷恋美女西施导致亡国的故事而创作的英文三幕剧）。他在自传中写道："从1937年夏末到1938年初春，我把大部分时间都用于抗日宣传工作。我当然没有时间准备荣誉学位的初试。当时我对从事学术工作已经完全失去了兴趣，我知道，回到中国，我不会有机会过平静的书斋生活。我是中国人，我知道自己必须回去为中国效力。如果我放弃中国国籍，留在国外，我将对自己的行为感到十分羞耻。"[1] 由此可见他人在海外，心系国内抗日，爱国赤子之情俱现。在牛津，他还结识一大批品学兼优的中外师友，例如：他与自己的英文导师爱德蒙·布伦顿（Edmund Blunden）就成了很好的朋友，他们经常在一起边喝酒边谈学问，布伦顿特别鼓励他的诗歌爱好。此时，他已经读了许多英国诗，从英国中世纪的诗一直读到了19世纪末。在读英国诗的过程中，他想到将中国著名的长诗《离骚》译成英文，竟然用英文格律诗的英雄对偶体来翻译。他在自传中说："我用英国的英雄偶句体形式来译《离骚》，出于兴趣，我模仿了德莱顿的风格，对此我自己很得意。这是我第一次把中国古典文学翻译成英文。后来，在新中国成立后的20世纪50年代初，我的这部译作在北京的外文出版社出版了。"[2] 杨宪益对这部译作很看重，这是他的第一部重要译作。此外，他也许想借此向他的老师布伦顿和西方世界展示中国文化

1　杨宪益.漏船载酒忆当年.薛鸿时译.北京：北京十月文艺出版社，2018：66.

2　杨宪益.漏船载酒忆当年.薛鸿时译.北京：北京十月文艺出版社，2018：72.

的重要成果。新中国成立后，有一次周恩来总理陪同毛泽东主席接见杨宪益，周总理说杨宪益是一位翻译家，已经把《离骚》译成英文。毛主席与他握手说："你觉得《离骚》能够翻译吗，嗯？""主席，谅必所有的文学作品都是可以翻译的吧！"他不假思索地回答。[1]从这里可以看出杨宪益的翻译主张，所以他一生译过的文学作品有几十种之多，其中有诗、散文和小说，还有历史著作。

杨宪益在牛津最重要的收获莫过于爱情。经朋友介绍，他认识了一位名叫格莱迪斯·玛格丽特·泰勒（Gladys Margaret Tayler）的美丽英国女孩。她长得很像著名影星英格丽·褒曼。相识后，他们彼此深深爱上了。此后，她有了一个中国名字"戴乃迭"。牛津大学毕业后，这位姑娘跟着杨宪益回到了中国，并与他结婚生子，饱经各种困苦。"文革"时，她甚至还坐过牢。杨宪益的翻译成果大多是与她合作完成的，这段

右图
杨宪益先生

1　杨宪益.漏船载酒忆当年.薛鸿时译.北京：北京十月文艺出版社，2018：170.

中西合璧的传奇婚姻也成了中外翻译史上的一段传奇佳话。后来有人问起戴乃迭为何当时选择杨宪益，她回答说杨宪益聪明、调皮、好玩，靠得住；还说，与其说爱上杨，还不如说爱上中国文化。确实杨宪益有着中国古代名士的风范，怎能不迷倒这位热爱中国文化的英国女郎？此外，我在戴乃迭的自传中看到这样一段文字："他（杨宪益）是（中国）协会主席。起初我几乎给他吓了一大跳，眼睛细长，脸色苍白，但彬彬有礼。他对祖国的热爱打动了我。"[1]从中可见爱自己祖国的人会赢得美丽姑娘的尊敬与芳心。他们有60年忠贞不渝的爱情。戴乃迭在北京去世，杨宪益写下满怀深情的悼亡诗："早期比翼赴幽冥，／不料中途失健翎。／结发糟糠贫贱惯，／陷身囹圄死生轻。／青春作伴多成鬼，／白首同归我负卿。天若有情天亦老，／从来银汉隔双星。"[2]当年这对异国青年男女的结合需要克服多大文化差异、国家之间生活条件的差别！他们的爱情在常人看来是不可能的，居然历经战争、"文革"等各种磨难还能白头偕老，恩爱始终。大画家同时也是杨氏夫妇好朋友的黄永玉给他们画了一幅漫画，画中一只提着酒杯的狼拥着端着酒杯的绵羊深情款款，画中题词："老杨说：我们在一起生活几十年不是很好吗？"[3]这令我想起当下一

1　杨宪益.我有两个祖国——戴乃迭和她的世界[M].桂林：广西师范大学出版社，2003：8.

2　杨宪益.我有两个祖国——戴乃迭和她的世界[M].桂林：广西师范大学出版社，2003：73.

3　杨宪益.我有两个祖国——戴乃迭和她的世界[M].桂林：广西师范大学出版社，2003：123.

——
右图
画家黄永玉
为杨宪益、
戴乃迭所作
的漫画

首流行歌曲《狼爱上羊》，歌中唱道：羊说不要客气，谁让我爱上了你，在你身边有多么的危险，我都会陪伴你。就这样他们快乐地流浪，就这样他们为爱歌唱。……狼爱上羊啊并不荒唐，他们说有爱就会有方向。西人有言：爱之树常青，除了情感与欲望相吸之外，更重要的要有深刻交流。这就是我们常说的肉体与精神双重结合。我想，以此来解释杨、戴这对人间仙侣应该是有道理的。

1994年末，杨宪益给自己撰写了一副挽联："少时了了，大未必佳；中年昏昏，老而无耻。"并附上自己的注解：此是近年自撰挽联，然近百年过渡时期中国知识分子大抵如是，此亦时运使然，不足为怪也。故陶渊明诗有云："天运苟如此，且尽杯中物。"这是他对自己的谦虚评语，也是饱经沧桑之后对世事的嘲讽。然而，纵观他的一生，无论世事多么艰难，命运多么不公，他对祖国的热爱以及知识分子的责任始终保持着。这里举几个例子：

在牛津做学生时他为抗日宣传出钱出力，牛津毕业后国内正值抗战，他已与戴乃迭恋爱，本可以申请留英。后来又收到哈佛大学来信，要他到哈佛做助教，还可以继续他的古典学术研究，可他还是回绝了，毅然带着他的英国爱人穿越德军封锁以及日军检查回到战火纷飞的中国。他对新中国和共产党充满感情，新中国成立前夕国民党的教育部长要他一家人跟他乘坐同一班飞机走，他拒绝了。在抗美援朝时期，他一家倾其所有来为国家买飞机，为了凑足4万元，竟然将戴乃迭的结婚戒指等婚饰都卖了。哪怕他与戴乃迭在"文革"被冤枉关进监狱四年，儿子受牵连精神失常自杀，他也没有因此对党和国家失去信心，反而更加积极地投入到改革开放的工作中去。他对名利看得很淡，翻译了那么多的书稿，也没有得到多少稿酬，有时甚至将自己的译作拱手送给他人。他言谈举止温文尔雅、充满幽默睿智，心境似乎平静如水，但平静的外表下隐藏着一颗对祖国的赤子之心与至大至刚的浩然之气。在牛津时他领导中国学会与日本人的日本学会斗，新中国成立前他跟随中共地下党一道与国民党斗，"文革"中他与造反派斗，为此他付出代价但义无反顾。他的好友、著名诗人邵燕祥说："杨宪益的学问融入了他全部的教养，平时待人从不疾言厉色。但另一方面，他又很有风骨。他从中国传统文化获得了精神、风骨、节操；浸润西方文化多年，他得到了自由、平等、创造的真谛。"[1]

有一次记者采访杨宪益时将他与其朋友牛津同学

1 田文.追忆翻译大师杨宪益：中西方文化的桥梁 [N]. 21Century 英语教育. 2009-11-30.

钱锺书比，当问到钱先生埋头自己的学问，而他忙事较多，学问上损失了，是否后悔时，他说了一段意味深长的话："每个人的天分不一样，才能也不一样，我的才能不是很高，不是了不起的大天才，所以成就也就有限得很。可是要比较起来，如果我要是'闭户不闻天下事'，只是读书的话，我想我可以做到跟钱锺书一样，我可以做得到。至于写小说——我没有试验过写小说，我不敢说我一定能够达到老舍的标准或者沈从文的标准，我不敢说。不过每个人都不一样。我总觉得我自己是——就是这个时代造成你就变成这样的一个人。在我这个时代，一上来就碰到了一个抗日战争。做中国人怎么能不爱国呢？怎么能对抗日战争没有感觉呢？一定要投身进去。我不能够耍枪杆子，只能够帮着摇旗呐喊，摇旗呐喊也要费时间，所以我浪费了一定的时间。解放战争的时候我也是想参加，我也只能够作为一个地下民主党派做了一点事，也浪费了一些看书的时间或者写东西的时间。不过我也不后悔这个事。"这正是杨先生性格的真实写照，他属于那种天下兴亡匹夫有责的读书人。不过，认真阅读他当年送给我的这本学术论文集《译余偶拾》，里面蕴藏的学术功力是可以追比钱锺书的，只是可惜他没有像钱先生那样持之以恒地做下去。这本学术论著是他1944年至1946年在国立编译馆工作时写的一系列考据文字，起初该书命名为《零墨新笺》，内容涉及文史哲音乐等，颇多中西文化比较之文字。你从书中文章的标题就可见其新颖："《柘枝舞》的来源"，"秦王《破阵乐》的来源"，"中国青瓷的西洋名称","隋代的康国都城"等。[1]其中好些文章有颇多发明,例如"李白与《菩萨蛮》"一文,人们多年来认为《菩萨蛮》词牌取自李白的最早一首词《菩萨蛮》,而他经翔实考证认为,《菩萨蛮》是古代缅甸方面的乐调,由云南传入中国。《杨宪益传》的作者雷音对此感叹说:"初读这些短小精悍的论文,即被它学问的深广和所向披靡的气度所慑服。杨宪益就像拿着金箍棒的孙悟空,专找'王母娘娘'这样的大人物比一比高低。他不畏惧伯希和、沙畹、白鸟库吉、藤田丰八这样的汉学'权威',经常发表与他们不同的观点。他广泛涉猎到历史宗教文学民族地理音乐戏剧民俗……等不同的学术领域,真是学问无禁区,这个虎虎生气的青年人像古代武士一样拿着长枪短棒出入千年历史,横跨欧亚大陆,在时间和空间的领域自由穿梭,如入无人之境。"[2]杨先生后来自己也说:"那些年里,我是个相当多产的作者,有很多论文和译作问世。假如我一生中的这个丰产期能持续得更久,我很可能成为一位历史学家,成为与中国古代史有关的各种课题的权威。但是,后来的事态发展使我离开了学术研究的领域。"[3]从这些文章中可以看出,杨先生是个兴趣广泛的人。历史学家庞朴先生看到这些文章后惊叹:"没想到杨先生这么有学问。"[4]

1 杨宪益.译余偶拾[M].北京:生活·读书·新知三联书店,1983.

2 雷音.杨宪益传[M].香港:香港中文大学出版社,2004:50.

3 杨宪益.漏船载酒忆当年.薛鸿时译.北京:北京十月文艺出版社,2018:124.

4 雷音.杨宪益传[M].香港:香港中文大学出版社,2004:50.

杨先生有诗云："少小欠风流，而今糟老头，学成半瓶醋，诗打一缸油。"这是他的谦虚话。他从小跟私塾老师学诗，多年爱写诗，并与朋友唱和，称得上是一位高水平的诗人。先生虽逝，但当年向我赠诗稿的情形时浮眼前。读诗感怀，诗如其人。天下许多事皆可入他的诗，但有两件事在他诗中犹显突出：酒与对时事的关注。请看如下几首：

友人过问近况并约外游以此谢之

整天烟满三居室，好似云埋一半山。
寒士每邀威士忌，老人常得美人怜。
即将西赴瑶池宴，何必东辞函谷关。
虽道长安居不易，房租幸喜不花钱。

诗中讲的是与好友相聚。他每天与夫人戴乃迭吸烟二至三包，家中有好友黄苗子、郁风夫妇的书画，画上有"带雨云埋一半山"句。与朋友喝威士忌，杨先生自己说威士忌每瓶数百元，幸有外国友人供给。记得我那天在他家喝的也是威士忌，那是我平生第一次喝洋酒，故印象深刻。从上下文看，诗中"威士"与"美人"还有双关之意。他注释说该诗完成前不久获美国人奖金即中美文化交流奖。

敏如得句云"虎落平阳酒一壶"命续成一律

虎落平阳酒一壶，梦回身化老狸奴。
虽无肉吃能贪睡，没有人来便打呼。

三径就荒甘寂寞，一生难得是糊涂。

行年八十何称庆，家宴还须待五姑。

　　他跟我开玩笑说过，有酒有朋友，因此他的好朋友大多能喝酒，喝酒时常露出他率真的本性。有一次毛主席邀请一些作家和知名人士吃饭，他与一位作家端着酒杯到主席坐的那桌去敬酒。毛主席本人有些吃惊，因为此前从没有人敢越桌来给他敬酒，主席不太喝酒，幸好周总理起来跟他们俩喝了一杯。他一生历经坎坷，乐意说自己糊涂。他的糊涂实际上是淡泊名利，在他人看来是糊涂。他自己也喜欢这种糊涂。他的另一首诗云："值此良宵须尽醉，世间难得是糊涂。"但他在大是大非问题上从未糊涂，而且敢为人先。因此李景端先生称他是"一个自称'糊涂'的明白人"。[1]此话颇有道理。

　　杨宪益毕生贡献最大的当属他将中国许多重要经典译成了英语，其实他从事这项工作也很偶然。抗战时期，他被文豪梁实秋邀请参加国立编译馆工作。梁实秋有很高的学术眼光，建议他英译司马光的《资治通鉴》。此后他便一发不可收拾，在中国翻译界勤奋耕耘，成为译介中国经典著作到西方的成就最大翻译家。已出版的主要翻译作品，中译英方面：他与戴乃迭合译《老残游记》、《离骚》、《长生殿》、《儒林外史》、《汉魏六朝小说选》、《红楼梦》（1-3册与戴乃迭合译）、《史记选》、《聊斋故事选》、《汉魏六朝诗文选》、《唐代传奇选》、

1　李景端.一个自称"糊涂"的明白人 [N].
光明日报.2009-11-28（5）.

《宋明平话选》、《白毛女》、《鲁迅选集》（1-4卷）、《李家庄的变迁》、《三里湾》、《太阳照在桑干河上》、《青春之歌》；英译中方面：凡尔纳的《地心游记》（与闻时清合译）、萧伯纳的《卖花女》、《凯撒与克里奥佩特拉》、《近代英国诗钞》；拉丁文与希腊文译成中文方面：阿里斯托芬的《鸟》和《和平》、普劳图斯的《凶宅》、荷马的《奥德修纪》；法译中方面：法国的古典史诗《罗兰之歌》。除写了不少诗之外，他还写了戏剧和几部长篇历史小说《赤眉军》和《黄巾子弟》。不说杨先生社会工作的贡献，仅衡量他的翻译与学术贡献，人之一生，能够取得如此成就，已经够辉煌了。

学术界与翻译界目前对杨先生的研究大多限于他的《红楼梦》的英译，对他如此多翻译作品的研究涉及很少。即便谈他的《红楼梦》翻译，也缺乏深度的细读，且倾向将他与另一位《红楼梦》译者大卫·霍克斯来比试一番。杨宪益夫妇跟霍克斯是朋友，霍克斯在上世纪50年代读到杨氏的《离骚》译本时就大吃一惊，曾开玩笑地说：这部《离骚》的诗体译文在精神上与原作的相似程度，正如一只巧克力制成的复活节鸡蛋和一只煎蛋卷的相似程度一般大。英译本《红楼梦》，杨宪益夫妇在上世纪60年代开始翻译，到1974年译成全书。霍克斯1949年在北京大学读研究生时开始翻译《红楼梦》，1970年他与企鹅出版社签订了翻译《红楼梦》合同，1980年完成前80回翻译，分三卷出版，书名为The Story of the Stone。后四十回由他的女婿约翰·闵福德（John Minford）翻译，在原书名的下面加了副标题*also known as The Dream of the Red Chamber*, 在1986年分两卷出版。霍克斯当年取这个《石头的故事》为书名, 其中有个原因就是为了避免与杨宪益的*A Dream of Red Mansions*相区别。能将《红楼梦》这样伟大的作品译成英文很不容易, 能有中西方杰出翻译家从事这项工作, 更是红学之幸。有人指出, 霍、闵译本要比杨、戴译本在英语世界的传播、接受与影响大。[1]笔者以为对这两部译作要分出高低是不可能的, 也没有必要, 因为它们都很优秀, 只是各自翻译风格不同而已。译界目前的评价总体认为: 杨宪益中西学问功力深厚, 在忠实原文上要强得多; 而霍克斯充分考虑了西方读者的接受方式, 在文学语言展现上有更多的发挥, 因此更受西方读者的欢迎。我找来这两个鸿篇巨制的译本来对读, 发现它们在细节化的处理上也有同有异。这里举几例:

题石头记

满纸荒唐言, 一把辛酸泪!
都云作者痴, 谁解其中味?

霍克斯译文:

Pages full of idle words
Penned with hot and bitter tears:
All men call the author fool;

---

1 谢天振. 今天, 我们该如何纪念杨宪益先生? [J]. 东方翻译, 2010 (1).

None his secret message hears.[1]

杨宪益译文：
Pages full of fantastic talk
Penned with bitter tears;
All men call the author mad，
None his message hears.[2]

这首诗的译文有着惊人的相似，从句式结构、措词到韵式都是如此。杨译与霍译两个译本有较大的差异，但这首诗的译文却颇多共同之处，也许是这首诗明白易懂，所以译本之间可能的差距就不大了。[3]

上述这类例子在杨译与霍译本中很难找到，他们在翻译中更多表现出的是彼此的不同。如《红楼梦》第53回写道："一时王太医来诊了脉，疑惑道：'昨儿已好了些，今日如何反虚浮微缩起来，敢是吃多了饮食？不然就是劳了神思。外感却倒清了，这汗后失于调养，非同小可。'一面说，一面出去开了药方进来。宝玉看时，已将疏散驱邪药减去，倒添了茯苓、地黄、当归等益神养血之剂。"

1 David Hawkes. *The Story of the Stone* [M]. London: Penguin Books Ltd, 1980: 35.

2 （清）曹雪芹，（清）高鹗. 红楼梦 [M]. 杨宪益、戴乃迭译. 北京：外文出版社，1994：7.

3 王宏印. 红楼梦诗词曲赋英译比较研究 [M]. 西安：陕西师范大学出版社，2001：3-5.

霍克斯的翻译：

The doctor arrived promptly and proceeded to take Skybright's pulses. He appeared to be disconcerted by what he found.

'Yesterday she seemed to be a little better,' he said, 'but this pulse today takes us right back to where we started from—empty, superficial, faint, constricted. Now why should that be? she must have been eating or drinking too much. Either that, or she has been worrying about something. The original attack was not a serious one; but failure to take care of oneself after perspiration has been induced can be very serious.'

He went outside and wrote another prescription, which was presently brought in to Baoyu. Baoyu noticed that the sudorifics and decongestants of the earlier prescription had been omitted and restorative drugs to increase the vitality and nourish the blood, such as lycoperdon, nipple wort and angelica, had been substituted. He gave instructions for the medicine to be made up immediately.[1]

杨宪益的翻译：

Presently Doctor Wang arrived and felt his patient's pulse.

1 David Hawkes. *The Story of the Stone* [M]. London: Penguin Books Ltd, 1980: 555.

"She was on the mend yesterday—what has caused this relapse today?" he asked in surprise. "Has she been over-eating or tiring herself? Her influenza is better; but after sweating she hasn't had a proper rest. The consequence may be serious."

He withdrew to make out a prescription, then brought it in, and Baoyu saw that it called for fewer drugs to counteract noxious contagions but more tonics such as pachyma cocos, rehmannia and angelica.[1]

比较这两段译文可以看出，杨宪益的译文简洁明了，非常忠实于原文；霍克斯的译文显然添加了不少东西，如在中药"茯苓、地黄、当归"的后面添加这些药的功效"restorative drugs to increase the vitality and nourish the blood"，人名"晴雯"采用意译"Skybright"。如果说霍克斯的译文添加对中药功效的解释是为了让西方读者容易懂，那么，下面这段译文就明显有些发挥过度了。《红楼梦》第四十八回中讲薛蟠遭柳湘莲痛打，薛姨妈请张德辉照看薛蟠。其中写道：

张德辉满口应承，吃过饭告辞……

霍克斯译文：
Zhang Dehui gave vigorous assurances of good

1　（清）曹雪芹，（清）高鹗. 红楼梦 [M]. 杨宪益、戴乃迭译. 北京：外文出版社，1994：1072.

intent, and having finished his meal, stood up and took his leave, stopping on his way out to add a few words to XuePan about arrangements for their departure:[1]

这里为了体现张德辉的顺从，霍克斯在译文中添加了一系列的动作：stood up and took his leave, stopping on his way out to add a few words to XuePan about arrangements for their departure:（起身，告辞，中途停下，又告知薛蟠起程计划）。这些对西方读者理解有助益，但霍克斯似乎在帮曹雪芹创作。杨宪益依据原文译为一句话：Zhang promised to do so. 我想西方读者根据上下文情节，也不会不懂吧？且有更多文学想象空间。文学语言许多时候不必把话说满，翻译也应该遵从原文，传其精髓。

杨宪益先生走后，有人感伤地说，杨宪益的逝去标志着翻译界一个时代的结束。在我们这个时代也许很难再创造出另一个杨宪益，但他的榜样力量会带给我们很多启发。如果我们在人才培养、对外文化翻译与传播等领域多下苦功，也许是对他最好的纪念。

（本文发表于《文景》2010年第4期）

1 David Hawkes. *The Story of the Stone* [M]. London: Penguin Books Ltd, 1980: 900.

戛戛独造　融通中西

——管窥张隆溪先生中西文化研究

　　在上世纪80年代，笔者有一天逛书店买到一本三联书店出版的《二十世纪西方文论述评》。该书并不厚，在有限的篇幅里，不囿于理论的绍介，对西方现代的各种文学批评流派做了言简意赅的述评，并常常能举出中国古典文论中相关或类似的说法与之比较。在当时，这是最早的也是最好的一本介绍西方文论的著作。张隆溪这个名字立即被笔者记住了。后来中国出来许多关于现当代西方文论方面的书，书的厚度与装帧的漂亮都超过此书，但读起来总感觉不如张隆溪那本书深入浅出和让人茅塞顿开。90年代初笔者在中国社科院研究生院念博士时读到张隆溪的英文著作《道与逻各斯》，才知道他在大洋彼岸为东西方比较文学作出了新的贡献。后来张隆溪的著作一直是笔者多年研究与教学的参考书。孟子云："颂其诗，读其书，不知其人，可乎？"笔者回到湖南工作后，通过赵一凡先生介绍结识了张隆溪本人。这些年我们交往密切，几乎每年都能见面，或在香港，或在湖南，或在北京。有一次他在英国讲学，笔者在英国做交流，还赶上他的生日。他每有新作辄惠赠笔者，让我学有所进。本文通过书里书外的事谈谈笔者所了解的张隆溪及其中西比较文化研究。

孟子曰："源泉混混，不舍昼夜，盈科而后进，放乎四海。有本者如是，是之取尔。苟为无本，七八月之间雨集，沟浍皆盈；其涸也，可立而待也。"庄子曰："且夫水之积也不厚，则其负大舟也无力。覆杯水于坳堂之上，则芥为之舟，置杯焉则胶，水浅而舟大也。风之积也不厚，则其负大翼也无力。"由此可见一个人的学问道德如水，积之厚，方能不舍昼夜、放乎四海；如风，积之厚，方能负鲲鹏展翅高飞、纵横万里。张隆溪的中西比较研究方法是师承朱光潜和钱锺书，同时融汇了中外许多大师与哲人的智慧。但他这一代学者与钱锺书那一代学人有着不同的教育背景。钱先生那一代人的学问童子功打得非常扎实，青年时到国外深造，孔子讲三十而立，他们的中西学问到三十岁时已经炉火纯青了。但不幸的是，他们产出学术成果的年代，正是山河破碎，战火纷飞之时。新中国成立后稍稍安定，而政治运动迭起不休，学术研究受到极大干扰。等到"文革"结束，朱先生、钱先生等都已步

右图
张隆溪先生

入古稀之年, 错过做学术出成果的最佳时机。张隆溪少年求学时期正赶上"文化大革命", 大好的时光被白白耽误。失之东隅, 收之桑榆。张隆溪这一代学人赶上了改革开放的好时光, 亡羊补牢, 犹未为晚。年富力强的他们纷纷从农村和工厂抖落尘土, 洗去油渍, 拾起书本, 回到大学, 后漂洋过海, 取得很大成就。

张隆溪能成为今天的张隆溪, 关键在于他对知识的执着追求, 即使身处那样的特殊年代。那个年代不但物质生活极度贫乏, 精神生活对于有思想的年轻人也极为枯竭。中学毕业后, 他插队到农村。他自己说:"从1969年至1972年在农村插队落户的三年里, 有许多和我一样的知青对书本和知识, 都有如饥似渴的追求。"[1]爱读书的人没有学上, 甚至找些好书读都不容易, 对于酷爱西方文学的张隆溪而言要弄到原版的外国书更是困难。他自述在下乡做知青时有一次他中学英文老师潘森林先生将抄家劫余的两本书送给他, 一本是希腊罗马文学的英译, 另一本是英美文学选读。这对张隆溪而言可谓如获至宝, 每每在微光如豆的煤油灯下诵读至深夜。下乡三年他白天种地, 晚上苦读, 靠煤油灯的墙壁被油烟熏成黝黑, 积了厚厚一层油灰。韩愈《进学解》有句名言:"焚膏油以继晷, 恒兀兀以穷年。"用它来形容此时的张隆溪的勤学是恰如其分的。1972年春天, 他从四川德昌的山村调回成都, 在成都市的汽车运输公司当修理工。他每天背着书包上班, 就像学生背着书包上学, 一有空隙, 就洗去满手

1 张隆溪. 锦里读书记 [A]. 一毂集 [C]. 上海:复旦大学出版社, 2011:154.

油污，开卷便读。经同事介绍，他认识了解放前曾在《中央日报》当过记者的欧阳子隽先生。欧阳先生当时在百货公司做售货员，藏有很多英文原版书，由于为人谦和低调，未遭受冲击，这些好书也因此幸存下来。他结识张隆溪时不敢相信在如此动乱岁月还有这样好学的年轻人，且居然还能翻译莎士比亚的十四行诗。因此跟张隆溪成为忘年交。他一屋子的英国文学经典书也就成为张隆溪的精神食粮。在大家不读书而且缺书的年代，张隆溪能较为系统地阅读莎士比亚全集、乔叟的《坎特伯雷故事集》、弥尔顿的《失乐园》，以及19世纪浪漫主义诗人、小说家和散文家的主要作品。他还从欧阳先生那里借阅到钦定本《圣经》、泰纳的《英国文学史》、帕格瑞夫（F. T. Palgrave）所编的《英诗金库》（*The Golden Treasury*）。这些书是张隆溪最好的朋友，似乎冥冥之中专门为他准备的。张隆溪本人后来深情地回忆说："我永远感谢欧阳先生在最困难的日子里，为我打开书的宝藏，提供精神的食粮。这对我后来的发展，的确起了关键作用。"[1]我之所以花这么长的篇幅讲述张隆溪这段经历，是因为这些事迹对现在许多年轻人来说已是久远的故事。那个年代耽误了国家的发展，也误了一代人的青春。许多人就此沉沦，唯有意志顽强者方能如此坚持不懈读书。古人云："天行健，君子以自强不息。"从某种意义上说，下乡与工厂的经历对张隆溪也是一种意志磨练。须知，在那段岁月，谁知道自己的未来与读书有多少联系呢？何况张隆溪偏爱读的还是一些洋书。当时的口号是："不读ABC，

1 张隆溪. 锦里读书记 [A]. 一毂集 [C].
上海：复旦大学出版社，2011：157.

照样搞革命。"但天不丧斯文，好读书者自会有天助的。在那不幸的年代能有机会找到这些书已经不易，能读到这些好书更是幸运的，但幸运总是留给那些有准备的人。

青山遮不住，毕竟东流去。中国的历史在1977年翻开了新的一页。恢复高考后，张隆溪自忖过去的十年光阴虽撒在田间与车间，但好学未掇，以自己的学识与英文程度可以直接参加研究生考试。几经辗转，他决定报考北京大学西语系的英美文学专业研究生，结果在众多高手较量中他摘得第一名。李赋宁先生生前有一次跟我闲聊时提到"文革"后北大西语系1978年第一次研究生招考，说那一批人中有许多优秀人才，其中四川来的张隆溪最惹人注目，他没有读大学，自学直接考，口笔头功夫俱佳。李先生当时没有谈自己的伯乐之功。后来他归道山后，我读到他的《学习英语与从事英语工作的人生历程》，其中有这样一段文字："许同志把张隆溪的作品拿给我看，问是否能达到北大英语系硕士研究生的标准。我看后，立即鼓励他报考。他那年31岁，考试成绩在第一次录取的12名硕士生中名列第一。"[1]应当说，到北京大学读书是张隆溪人生的一个重要转折点。在这里不但有充足的时间和丰富的藏书，而且名家云集。西语系当时有朱光潜、杨周翰、李赋宁、赵萝蕤、田德望等著名教授，还有外籍教员。当时朱光潜先生年事已高，基本上息事谢客，但对张隆溪厚爱有加，视为家人。他经常可以径直上楼

1 李赋宁. 学习英语与从事英语工作的人生历程 [M]. 北京：北京大学出版社，2005：146.

到朱先生那间小书房，跟朱先生面谈。朱先生的美学思想影响了他日后的文学批评，更重要的是朱先生对学问一丝不苟坚持真理的精神也给他留下永久的影响。张隆溪在《美的追求：怀念朱光潜先生》一文中写道："如果说虚怀若谷是朱先生为人治学中一种美德，那么作为一位严谨的学者与理论家，他还有也许更为可贵也更具特色的一面，那就是在重大学术问题上绝不盲从任何人，对自己认为错误的意见绝不妥协。"[1]张隆溪这样赞扬朱先生，他自己也是像朱先生那样身体力行的。我们从他与中外名家如与德里达、于连，以及围绕钱锺书的学术论争中都可以发现他的严谨治学与坚持真理的精神。美国加州大学叶扬教授是张隆溪哈佛大学博士同学，曾形象地描绘张隆溪的学术性格说："隆溪的性格我是了解的，他像孟子所说的'千万人吾往矣'。"他与朱先生的交往，不但继承朱先生的学问品格，而且耳濡目染其研究学问的方法。他说："那是我做北大研究生时，中文系的好友钟元凯君想向朱先生请教有关形象思维的几个问题。我们一起去找朱先生谈。谈话涉及的内容很多，使我最感惊讶的是朱先生由一个问题发挥出去，谈到许多别的问题，引我们涉及许多别的内容，在已经愈走愈远的时候，又会突然把话题拉回到出发的那一点，说明开头讨论的问题。"[2]朱先生这种以点带面、形散神不散探讨问题的方法，在张隆溪后面发表的文章，以及学术演讲中均有体现，如在《同工异曲：跨文化阅读的启示》一书中

1　张隆溪. 走出文化的封闭圈 [M]. 北京：生活·读书·新知三联书店，2004：159.

2　张隆溪. 走出文化的封闭圈 [M]. 北京：生活·读书·新知三联书店，2004：169-170.

的几个篇章："'沧海月明珠有泪'跨文化阅读的启示"；"'这柔弱的一朵花细皮娇嫩'：药与毒的变化之理"；"反者道之动"："圆、循环与复归的辩证意义"。在北大读研究生阶段，他还有幸结识了钱锺书先生。对此他视为一生的宝贵财富，在他后来的许多文章以及谈话中可以发现。那是1980年6月上旬，荷兰学者佛克马（Douwe Fokkema）来北大访问，张隆溪陪同并作翻译。佛克马要他陪同去见钱锺书，在会见中他们谈到加拿大著名批评家弗莱（Northrop Frye）的理论，张隆溪发表了自己的看法，引起了钱锺书的注意。后来，张隆溪还多次拜访钱先生。能踏进钱家大门已经不易，能与钱锺书这样融通古今中外的大学者进行交流更是难得。钱先生在新中国成立后没有教书带学生，在某种意义上他把张隆溪视为私淑弟子与同道。[1]张隆溪到哈佛大学学习并在美国工作后，他们还有书信来往。钱先生给张隆溪的书信达五十多封。张隆溪这一代学人中能得到钱先生如此赏识的可谓凤毛麟角。钱锺书中西交汇的治学方法对张隆溪

1　张隆溪在《怀念钱锺书先生》一文中提到，他去哈佛时到钱先生那里辞行，钱先生送他上下册的一套《全唐诗外编》作为纪念并题字云："相识虽迟，起予非一。兹将远适异域，长益新知。离情固切，期望亦殷。"张隆溪看到这几句话，感到无限亲切，但又觉无比愧怍，他写道："尤其在钱先生面前，是连作学生的资格都没有的，然而钱先生对我却特别厚爱。记得有一次他告诉我，卞之琳先生开玩笑说我是'钱钟书的死党'。钱先生故意把这玩笑直解，大笑着对我说：'钱某还在，你活得还会更长，怎么能说我们两人是'死党'呢？我听了这话深为感愧，因为做这样的'死党'是要有条件的，而我还不够这样的条件。钱先生给我题的字里，'起予非一'当然是溢美之辞，'期望亦殷'四个字，在我只觉得有相当的分量。"见张隆溪，走出文化的封闭圈[M].北京：生活·读书·新知三联书店，2004：236-237.

影响至深。张隆溪在纪念钱锺书先生百年诞辰时，写了一篇题为"中西交汇与钱锺书的治学方法"的文章。文中写道："在近代学人中，钱锺书先生堪称是真正了解中学与西学，以其独特方式探讨中西学问的大学问家。……因为他以典雅的文言撰写学术著作，却又大量引用西方著述，以中西之具体比较来阐发中国古典著作的思想意蕴。这就是钱先生《谈艺录》序所谓'颇采二西之书，以供三隅之反'的治学方法。这一方法并非只是征引文献的范围扩大而已，而是在东西方很不相同的文化传统中，发现其间出人意表之契合相通之处。中国不仅古人学人不通外文，就是现代学者对西方典籍也了解有限，而且通外文往往限于英文或法文，能兼通德、意、西、拉丁等多种文字，则非常少见。打通中西文化传统，在极为广阔的学术视野来探讨人文学科的各方面问题，可以说是钱锺书治学方法最重要的特点，也是他对中国现代学术最重要的贡献。"他在该文中继续发挥道："其言曰：'盖取资异国，岂徒色乐器用；流布四方，可征气泽芳臭。故李斯上书，有逐客之谏；郑君序谱，曰'旁行以观'。'东海西海，心理攸同；南学北学，道术未裂'。在我看来，钱锺书先生在此相当准确地描述了他的学术视野与治学方法。"[1] 从这话可以看出，张隆溪抓住了钱锺书治学的精髓。张隆溪一直以钱先生为学习楷模，钱先生有雄厚国学功底，并通数国语言，而他也是博通古今中外。我多次听他演讲，中英文流畅优美，音色漂亮，还常常引用德文、法文以为例证。他的几部英文著作在英语世界赢得了很好反响。钱先生在

1 张隆溪. 中西交汇与钱锺书的治学方法 [J]. 书城，2010. (3)：279-280.

世时已对他评价很高，若看到他今天的成就更会自豪。张隆溪传承钱先生的治学精神与方法并将其发扬光大，这里限于篇幅，不做细论，我还有专文谈及。这里只略为梳理一下钱锺书先生在学术研究领域对他产生影响的几个方面：其一，钱锺书融通东西、跨越学科的学术功力与广阔学术视野，在他身上得到了充分展现；其二，钱锺书正直孤傲、一生为学的学术品格，在他身上圆满再现；其三，钱锺书博采中西、具体入微、反对空疏的文风在他文章里重生。当然，钱锺书许多丰富深邃的思想往往以片断方式呈现出来，到了张隆溪这里，经其深入挖掘，变得更加丰富、更成系统，得以发扬光大。

1981年，张隆溪从北大研究生毕业，留校任教。从这时起，他就参加了季羡林先生发起的北京大学比较文学研究小组。该小组由季羡林、李赋宁、杨周翰、乐黛云和张隆溪组成。那时比较文学研究在中国大陆才刚刚起步。张隆溪充满热情来做拓荒工作，主编了两本颇有影响的比较文学研究著作：一是《比较文学译文集》（1982年），二是《比较文学论文集》（1984年，与温儒敏合编），由北京大学出版社出版。

1983年10月，张隆溪来到哈佛大学比较文学系攻读博士学位。"文革"十年的自学和北大五年的积累，让他觉得自己在阅历与学识方面丝毫不逊于周围同学，一些美国学者倒把他当做来自北大的学者，而不仅是研究生。在哈佛六年，他有充足的时间潜心读书，而且读到了大量的国内没有读过的书。这里还有世界一流的名师。他说："在哈佛上课得益很多的是听一些造诣精深的学者讲他们自己最深入的研究。如詹姆斯·库格尔（James Kugel）讲《圣经》与文学批评，芭芭拉·卢瓦尔斯基（Barbara Lewalski）讲弥尔顿《失乐园》，杰罗姆·巴克利（Jerome Buckley）讲维多利亚时代文学批评，克劳迪奥·纪廉（Claudio Guillen）讲比较文学，斯坦利·卡维尔（Stanley Cavell）讲莎士比亚和精神分析等。……此外还有一些教授，虽然我没有正式上他们的课，但平时却颇多交往，得益很多。如英文系的丹尼尔·爱伦（Daniel Aaron）和摩顿·布隆菲尔德（Morton Bloomfield）教授，人类学系的张光直教授，东亚系的史华慈（Benjamin Schwartz）教授等。斯拉夫语系尤里·斯垂特尔（Jurij Striedter）教授生在俄国，长在德国，曾做过伽达默的学生，以研究俄国形式主义和捷克结构主义理论著名。他知道我对阐释学有兴趣，愿意指导我的博士论文。尤里熟悉文学理论，做事一丝不苟，思想清晰而讲究逻辑联系，对我帮助很大。"[1]他还有幸在耶鲁见到德里达先生，并与他就"道与逻各斯"等学术问题交谈两三小时。在哈佛学习期间，德国的阐释学大师伽达默恰好在邻近的波士顿学院讲学。张隆溪乘机与他探讨阐释学问题。这次见面与交谈，坚定了张隆溪从中西比较的角度来深入阐释学研究的决心。1992年在哈佛举办的一次学术会议上，张隆溪见到王元化先生。两人一见如故，此后一直有书信交往和面谈机会。

1 张隆溪.2005—2008记事[A].一毂集[C].上海：复旦大学出版社，2011：49-50.

在哈佛阶段，张隆溪已经在美国的《批评探索》《比较文学》《得克萨斯语言文学研究》等刊物发表文章，并受邀到宾夕法尼亚大学、普林斯顿大学等高校做学术演讲。1987年他在哈佛大学写博士论文时，同时在哈佛教专修西方文学的二年级学生的文学课。这在留学生中亦是非常之例。

1989年他哈佛毕业后在加州大学河滨分校任比较文学系教授，在这里工作近十年，努力使东西方比较成为该校比较文学研究的一个特色。在研究方面，他有许多文章在美国学术刊物发表，还出版了几部颇有影响的学术著作：1992年，英文书《道与逻各斯》（*The Tao and the Logos*）由杜克大学出版社出版。此书1997年由韩国延世大学郑晋培译成韩文在首尔出版，1998年由四川大学冯川翻译的中文译本在四川人民出版社出版，2006年由江苏教育出版社重印。1998年《强力的对峙》（*Mighty Opposites*）由斯坦福大学出版社出版。

1998年，张隆溪在美国生活十五年之后回到中国香港，受聘在香港城市大学担任比较文学与翻译讲座教授，继续做跨越东西方文化的比较研究。2001年，他在香港城市大学创办跨文化研究中心，并主编*Ex/Change*英文杂志。在该中心五年中，他邀请了国内外一大批知名学者来香港城市大学做学术交流。2005年是张隆溪学术上成果颇丰的一年，这一年2月底至3月初，他应加拿大多伦多大学邀请做了四次亚历山大演讲。这个讲座传统上是由治英国文学的欧美名家主持的。近年来一些国际著名的文化批评学者与作家也受邀主讲，能受邀参加此讲座的莫不引以为荣。张隆溪是该讲座设立以来唯一受邀的亚洲学者。他在此演讲的内容集成一本题为《同工异曲：跨文化阅读启示》（*Unexpected Affinities: Reading across Cultures*）在多伦多大学出版社2007年出版，中文版2005年由江苏教育出版社出版。该英文著作出版后，香港城市大学举办了新书发布会。李欧梵教授讲评，杜博妮（Bonnie McDougall）、罗泰（Lothar von Falkenhausen）等参加。2005年，复旦大学出版社出版了他的《中西文化研究十论》。这里收集了他十篇讨论中西跨文化研究问题的文章，以具体的比较来论证东西方跨文化研究的价值。这一年第三本英文著作*Allegoresis: Reading Canonical Literature East and West*（《讽寓解释：论东西方经典的阅读》）由美国康奈尔大学出版社出版。这本书探讨的问题是：何以经典往往有超出字面意义的讽寓解释，这种解释的性质如何，其阐释方法有何特点，文本字面的本义与引申义之间关系如何，讽寓解释有何影响，产生怎样的后果等等。该书出版后，在学界引起较大反响。李欧梵教授与李炽昌教授专为该书在香港中文大学组织了一个讨论会。在美国、中国香港等地的几种书刊上还刊发了书评，得到许多好评。2007年3月，他获教育部特聘长江讲座教授，为期三年，每年去北京外国语大学做短期讲学。香港城市大学在2007-2008学年设立了全校教员公开竞争的研究奖，他获得了大奖（Grand Award）。我当时在香港城市大学做客座教授，参加了香港城市大学有史以来首次研究奖的颁奖仪式，场面非常隆重，得大奖者全校仅两人。香港城市大学以理工及工商管理见长，该校拥有多名院士等一大批世界级知名学者教授，张隆溪作为人文学科教授能脱颖而出，获此殊荣，证明了他确实做出了非凡成绩。2008年，台湾文化界著名出版家郝明义先生在台湾用繁体字出版他的《无色韵母》（台湾大块文化出版社）一书。在书中，张隆溪以简短的篇幅、类似散文诗一般优美的语言来谈中西文化比较。2009年5月，张隆溪在复旦大学出版社出版《比较文学研究入门》。该书作为教材，简明扼要，注重介绍比较文学的学科历史和研究方法，注意把我们的研究与国际比较文学的历史和现状结合起来。该书确实能开阔学生的学术视野并带来实用研究方法，而且还为读者提供了比较文学研究的中外文基本书目。在目前比较文学教材较为泛滥的情况下，张隆溪这本薄册子应该可以说切实有用，给人耳目一新的感觉。

2009年春节刚过不久，张隆溪的学术生涯又增添喜讯：他被选为瑞典皇家人文、历史及考古学院外籍院士。这是一项极高的学术荣誉，入选的该国外籍院士有三十九人，其中绝大多数是欧美各国的学者，亚洲只有两人。香港城市大学郭位校长为他专门举办了一个庆祝会，来参加的人很多，除本校同事之外，还有李欧梵、陈方正、罗志雄、毛俊辉、钟玲、Henry Steiner、荣新江、傅杰等。2009年9月底，他应邀到瑞典皇家学院演讲。

2010年是张隆溪学术演讲繁忙的一年，3月中旬，参加瑞典皇家人文学院的庆典，并在斯德哥尔摩大学演讲，在此前后还到伦敦大学亚非学院和爱丁堡大学演讲。4月12日在哈佛大学比较文学系做2010年的波吉奥里讲座（The Renato Poggioli Lecture），13日在耶鲁大学东亚研究中心演讲，15日在韦斯里大学曼斯菲尔德·弗里曼东亚研究中心做2010年的弗里曼讲座（The Mansfield Freeman Lecture）。2010年5月，张隆溪出版《灵魂的史诗〈失乐园〉》（台湾大块文化出版社）。

近年来，张隆溪还为跨文化交流做了两件了不起的工作：一是参与一部世界文学史撰写。以往的世界文学史著作，基本上是欧洲文学史，或以欧洲文学为主要内容。2004年在斯德哥尔摩举办了一个世界文学史写作的国际研讨会。会上确定彻底打破欧洲中心主义，从世界不同文学传统出发撰写一部新的世界文学史。会后成立了一个由10位有影响的国际学者组成的核心小组，张隆溪为成员之一。他们构想出撰写一部四卷本世界文学史的计划，预计2013年左右由Blackwell出版社出版。二是将中国学者用中文写的有影响的学术著作翻译成英文，介绍给西方学界。2007年6月，欧洲布里尔出版社（Brill）聘请他和德国学者施耐德（Axel Schneider）共同主编布里尔中国人文学术丛书。张隆溪为这套丛书写了一篇总序，指出西方学界不能再忽视中国学者的学术成就，所以把中文学术著作译成英文，由西方有声望的出版社出版发行。这是亟待完成的一件工作。[1]目前这套丛书已出版部分译著。2010年5月，美国《新文学史》（*New Literary History*）邀请张隆溪担任这份刊物的顾问编辑。该杂志在美国人文学科杂志中享有极高声望，其顾问编辑包括詹姆逊（Fredric Jameson）、乔纳森·卡勒（Jonathan Culler）、伊琳·希苏（Helene Cixous）等知名学者。

2010年8月，在韩国首尔召开国际比较文学学会第十九届大会，张隆溪获选为国际比较文学学会执委会委员。张隆溪不但为中西文化比较研究与跨文学交流做了大量的实际工作，而且他从理论建设的方面为中西文学比较以及跨文学的比较研究做出了令人瞩目的成绩。

比较文学，从一开始就是以世界主义的视域来看待和思考各民族的文学和文化。在当今，尤其要注意打破欧洲中心和西方中心的眼界，以全球的眼光和多元的视野去看待世界文学。此外，从事比较文学的人必须要打破学科之间的壁垒，诚如钱锺书所说的："由于人类生命和智力的严峻局限，我们为方便起见，只能把研究领域圈得愈来愈窄，把专门学科分得愈来愈细，此外没有办法。所以，成为某一门学问的专家，虽是主观上是得意的事，而在客观上是不得已的事。"[2]当代学术的发展，在张隆溪看来，有两个趋势愈见明显：一方面诚如钱锺书先生所云专门学科愈分愈细，另一方面又逐渐有分而复合的

1　张隆溪.2005—2008 记事 [A]. 一毂集 [C].上海：复旦大学出版社，2011：115.

2　钱锺书.诗可以怨 [A].七缀集 [M].北京：三联书店，2002：113.

趋势，即跨学科或科际整合研究的出现。[1]鉴于此，他主张向朱光潜和钱锺书那样的前辈学人学习，要有开阔的眼光与胸怀，绝不以作某一门学问的专家为满足，而要力求超越学科、语言、文化和传统的局限，由精深而至于博大，由专门家而至于中国文化传统中的所谓通人。他在《道与逻各斯》中写道："打破学术领域的疆界，跳出自己熟悉的蓬蒿而看到更大的天地，尽管在一个高度专业化的世界中不可避免地是一种冒险，但在我看来却似乎始终是一件值得尝试的事情。"[2]对此他在《同工异曲：跨文学阅读的启示》一书中说得更为晓畅并富有警示作用："在今日的学术环境里，知识的发展已分门别类到相当细微的程度，不同门类的知识领域之间又各立门户，壁垒森严，结果是学者们都不能不成为专治一门学问的专家，眼光盯住自己专业那一块狭小的地盘，不愿意放眼看出去。专家们往往眼里只有门前草地上那一两棵树，看不到大森林的宏大气魄和美，反而对森林抱有狐疑，投以不信任的眼光。"[3]

当然，在东西文学或文化的比较研究方面，有两种倾向需要厘清与批判：一是文化对立说和文化相对主义。持文化对立说或者不通论者，认为东西方语言与文化的鸿沟无法跨越，把东西文化的差异尽量夸大，使二者形成一个非此即彼的对立，东西方文化完全没有任何

1 张隆溪. 走出文化的封闭圈 [M]. 北京：生活·读书·新知三联书店，2004：2.

2 张隆溪. 道与逻各斯 [M]. 南京：江苏教育出版社，2006：11-12.

3 张隆溪. 同工异曲：跨文学阅读的启示 [M]. 南京：江苏教育出版社，2006：2.

比较的可能。然而除专家们对范围广阔的比较普遍表示怀疑之外，东西方比较研究还面临一个更大的挑战，那就是有许多人，包括许多学者，都常常习惯于把东方、西方或东方人、西方人当成建构思想的概念积木块，粗糙笼统地积累起来思考。习惯于用笼统粗糙的概念积木块来思考的人，不会去做认真细致的调查研究，而得出简单化、脸谱化的结论，抹杀个人的种种差别，把具体的个人都归纳在东方和西方、东方人和西方人这类粗鄙的概念积木之下。[1]根据张隆溪多年的治学经验，他发现：往往是读书少，知识面较窄的人，反而勇气与眼界成反比，见识越小，胆子越大，越敢于一句话概括东方，再一句话又概括西方，把东西方描述成黑白分明、非此即彼的对立物。[2]在张隆溪看来，不同语言和文化之间当然存在差异，可是差异不仅存在于不同文化之间，也存在于同一文化之内。在同一传统甚至同一时代的诗人和作家之间，确实也有各种差异。文化的完全同一和文化的决然对立，都实在是骗人的假象。[3]在西方汉学和整个亚洲研究中，文化相对主义可以说在当前占主导地位。美国亚洲研究学会的会刊《亚洲研究学报》的主编巴克（David D. Buck）指出，文化相对主义是美国大多数亚洲研究者所抱的信念。他们怀疑在不同的语言文化之间"存在任何概念上的工具，可以用不同人都能接受的方式理解和

1　张隆溪.同工异曲：跨文学阅读的启示[M].南京：江苏教育出版社，2006：2.

2　张隆溪.比较文学研究入门[M].上海：复旦大学出版社，2009：48.

3　张隆溪.同工异曲：跨文学阅读的启示[M].南京：江苏教育出版社，2006：3.

解释人之行为和意义"。[1]这样一来，就形成了张隆溪所定义的"文化的封闭圈"。汉学家们往往强调中国文化的独特性及其与西方文化之差异，使汉学成为西方学界一个特别的角落，非专门研究者不能入，于是这个领域与其他方面的文化研究隔得很远，也没有什么关联。汉学研究变成汉学家们自己关起门来说话的一个小圈子。[2]

二是要警惕"东方文化优越论"的陷阱。西方理论家们在对西方传统作自我批判的同时，往往把中国或东方浪漫化、理想化，强调东西文化的差异和对立，把中国视为西方的反面。此时，张隆溪提醒国人，一定要首先清点一下自己的家当，切不可把别人的迷魂药当做宝贝，而呈现夜郎自大的姿态。中国自上世纪初贫穷落后时期到现在初显繁荣之时都不乏高歌猛进者，断言"世界未来文化就是中国文化的复兴。"[3]"人类的前途岌岌可危，只有中国传统即东方文化历来提倡的'天人合一'，庶几可以对症下药，拯救濒于灭绝的自然和人类"。[4]这固然可以

1　Buck, David D. Editor's Introduction to Forum on Universalism and Relativism in Asian Studies[J]. *The Journal of Asian Studies* 50. Feb,1991: 31. 转引自：张隆溪 . 走出文化的封闭圈 [M]. 北京：生活·读书·新知三联书店 . 2004: 3.

2　张隆溪 . 走出文化的封闭圈 [M]. 北京：生活·读书·新知三联书店，2004: 3-4.

3　梁漱溟 . 东西文化及其哲学 [A]. 梁漱溟全集（第一卷）[Z]. 济南：山东人民出版社，1989: 525. 转引自：张隆溪 . 走出文化的封闭圈 [M]. 北京：生活·读书·新知三联书店，2004: 7.

4　季羡林、张光璘 . 东西文化议论集 [M]. 北京：经济日报出版社，1997. 转引自：张隆溪 . 走出文化的封闭圈 [M]. 北京：生活·读书·新知三联书店，2004: 8.

满足国人的虚荣心，但理论依据与现实的可能在哪里？张隆溪在他与德里达等许多西方学者的对话，以及近年来发表的一系列论文和著作中，都发表了不同意见，显露出理论的锋芒，并以具体的例证来正本清源。[1]

那么，理清这些重要的理论分歧之后，我们以何种方法或者途径来展开跨文化的比较与研究呢？这是一个横亘在众人面前的难题。张隆溪认为：要展开东西方的比较研究，就必须首先克服将不同文化机械对立的倾向，寻求东西方之间的共同点。只有在此基础上，在异中见同，又在同中见异，比较研究才得以成立。[2]他在《道与逻各斯》中说得清楚了然："发现共同的东西并不意味着使异质的东西彼此等同，或抹杀不同文化和文化固有的差异。"[3]寻求东西方之间的共同点，不只是具有文化上的深远意义。当代西方文化批评过分强调文化、种族、性别等种种差异，张隆溪却另辟蹊径，在强调同一性的前提下把不同的文化传统聚集在一起，使之有可能展开跨文化的对话。正如赫尔博斯说的，"我们总爱过分强调我们之间那些微不足道的差别，我们的仇恨，那真是大错特

1　这方面的文章有："非我的神话：论东西方跨文化理解问题"，"文化对立批判：论德里达及其影响"，"经典与讽寓：文化对立的历史渊源"，"汉学与中西文化的对立"。著作有：《道与逻各斯：东西方文学阐释学》、《走出文化的封闭圈》、《中西文化研究十论》、《强力的对峙》、《同工异曲：跨文化阅读的启示》、《讽寓解释：论东西方经典的阅读》。

2　张隆溪.中西文化研究十论 [M].上海：复旦大学出版社，2005：2.

3　张隆溪.道与逻各斯 [M].南京：江苏教育出版社，2006：8.

错。如果人类想要得解救，我们就必须着眼于我们的相通之处，我们和其他一切人的接触点；我们必须尽可能地避免强化差异"。[1]在张隆溪看来，钱锺书先生在《谈艺录·序》中所说的"东海西海，心理攸同，南学北学，道术未裂"这句话，就已经稳固地奠定了东西方比较研究在学理上的基础，而钱锺书的著作也为东西方比较研究树立了最好的典范。这就要求我们避免把中国与西方的文学作品随意拼凑在一处，做一些牵强附会、肤浅浮泛的比较。我们不仅要熟悉中国和西方的文学和文学批评，而且要在更广阔的思想和文化传统背景下理解这些文字和文学批评演化变迁的历史。换言之，文学研究不能仅限于文本字句的考释，我们要有范围广阔的知识准备，不仅了解文学，而且要了解与之相关的宗教、哲学、艺术和历史。[2]在理论纲举目张之后，张隆溪以自己的细致入微的大量论著来检阅之。

1992年，由美国杜克大学出版社出版了张隆溪的题为*The Tao and the Logos: Literary Hermeneutics, East and West*的英文著作，后有中文与韩文译本，中文版名为《道与逻各斯：东西方文学阐释学》。这本书可以说多年来在世界范围内东西方比较文学界颇负盛名。该书绝不是机

1 Borges. Jorge Luis.Facing the Year 1983 [A]. Twenty-Four Conversations with Borges. Including a Selection of Poems [Z]. trans. Nicomedes Suarez Arauz et al. Housatonic: Lascaux Publishers.1984: 12,转引自张隆溪. 同工异曲：跨文学阅读的启示 [M]. 南京：江苏教育出版社，2006：1.

2 张隆溪. 比较文学研究入门 [M]. 上海：复旦大学出版社，2009：55.

械地套用德国阐释学来解释中国文学，而是把阐释理论
还原到它所以产生的基本问题和背景，即深入到语言和
解释之间的关系中去，看看西方批评传统和中国古典诗
学是怎样理解这种关系的。这样做，一方面可以为西方
读者和学者提供一种来自不同文化语境的阐释角度；另
一方面，通过把卷帙浩繁的中国哲学、诗歌、批评著作中
零散的洞见和说法汇集在一起，也有助于使我们对中国
文学批评传统的理解变得更有系统。[1]张隆溪这样富有
创见地进行东西方文学阐释，至少有如下几方面的积极
意义：避免长期以来东方与西方文化的分割，尤其有可
能避免文化研究中的种族优越论，避免把一种文化中的
价值和概念强加给另一种文化，也避免把中国和西方的
文学作品随意拼凑在一处，做一些牵强附会、肤浅浮泛
的比较。全书的中西文资料都很有逻辑地层层推进，组
织在一种批判的跨文化对话之中。该书通过把历史上互
不关联的文本和思想聚在一起，试图为历史和文化背景
完全不同的中西文学找到一个可以被理解并彼此相通的
共同基础，并在中西文学与文论的阐释与比较过程中逐
渐理出一条中国诗学一以贯之的阐释学思路。当然，这样
富有开拓性的学术研究是非常不易的。从中我们可以看
到张隆溪高屋建瓴放眼四海的学术胸襟与视野，更发现
其中所蕴含的纵横东西跨越学科的深厚学术功力。全书
主要有四个部分：写作的贬值，哲学家·神秘主义者·诗
人，无言之用，作者·文本·读者。每个部分都由可以单独
发表的篇章构成，但通读全文，就会发现这些貌似散而

1 张隆溪.道与逻各斯 [M].南京：江苏教育出版社，2006：5.

神不散的篇章都指向书的主旨——东西方文学阐释学。每一篇章都从东西典籍中披沙拣金、旁征博引并娓娓道来，例证皆实实在在，如讲"道"与"逻各斯"的中西起源，其中批判德里达依据费诺罗莎和庞德对中文不准确的理解，将东西方语言文化对立，认为逻各斯中心主义乃西方独有的错误观点。同样，中国诗文与绘画讲究简约意蕴，强调意在言外、言尽而意无穷。我们不能一言蔽之以为吾国独有，西方文学亦有如此传统，《圣经》哪怕是叙述见长的《荷马史诗》也有简练描写的片断。不仅陶渊明和中国诗文传统，而且西方的诗人和作家如莎士比亚、T. S. 艾略特、里尔克、马拉美等，也都深知如何运用语言之比喻和象征的力量，以超越语言本身达意能力的局限。这些好篇章段落在全书俯拾即是，美不胜收。该书在上世纪90年代在美国出版后得到了国际比较文学界的赞扬。

近年来，张隆溪将他的阐释学理论与研究深入到中西经典的对读中。他2005年由美国康奈尔大学出版社出版的英文著作*Allegoresis: Reading Canonical Literature East and West*（《讽寓解释：论东西方经典的阅读》），又是跨东西文化研究的一项重要成果。所谓"讽寓"，是指文本在字面意义之外，还深藏着另一层关于宇宙和人生的重要意义。即一个文本表面是一层意思，其真正的意义却是另外一层。讽寓解释（allegorical interpretation），就是在作品字面意义之外找出另一层精神、道德、政治或

左图
作者（右）
与张隆溪先
生合影于大
英博物馆

别的非字面意义。[1]例如，《圣经》中的《雅歌》，从字面看是一首艳丽的情诗，语言中有许多描写少女身体之美和欲望之强烈意象，通篇无一字道及上帝。后教父们为了维护宗教经典的地位，用讽寓解释的办法，说《雅歌》并非表现男女之爱，而是讲上帝与以色列之爱，或上帝与教会之爱，具有宗教的精神意义。在中国，《诗经》的评注也有许多类似的情形，如以《关雎》为美"后妃之德"，《静女》为刺"卫君无道，夫人无德"等等，把诗之义都说成是美刺讽谏，成为一种超出字面意义的讽寓解释。[2]这种讽寓解释一方面使类似《雅歌》《诗经》等许多情歌得以保存下来，但另一方面不顾文本字面意义，甚至强加外在意义，亦会导致牵强附会的"过度解释"。张隆溪在这本颇有分量的著作里广泛涉猎东西经典，从宗教、

1　张隆溪 . 比较文学研究入门 [M]. 上海：
　　复旦大学出版社，2009: 60.

2　张隆溪 . 比较文学研究入门 [M]. 上海：
　　复旦大学出版社，2009: 61.

道德、政治等角度解释文学作品的相关问题，按主题展开比较，探讨东西方文本的评注传统，相互对照，超越东西方语言与文化的局限，以栩栩如生的大量例证来说明东西跨文化研究的可比性。[1]

诚如前面所论及的，张隆溪早年在北京大学读研究生时同佛克马、钱锺书谈过加拿大批评家弗莱。弗莱的原型批评在不同的文学作品里寻求表面差异之下的一些意象，弗莱的博识与开阔视野在当代西方文学批评界应该说富有开创意义，但弗莱基本上仍局限在西方文学的范围，因他不通东方。张隆溪从弗莱这里得到启发，同时博通东西，从主题比较方面来考察中西文学传统在意象、构思、主题、表现方式等各方面的对应、交汇与契合。他在加拿大多伦多大学做了四次亚历山大演讲。演讲内容集成著作题为《异曲同工：跨文化阅读启示》（*Unexpected Affinities: Reading across Cultures*），2007年在多伦多大学出版社出版。这是又一本具有标志意义的主题比较佳作。该书以一些基本的概念性比喻和意象，如人生如行旅的比喻、珍珠的比喻、药与毒的象征、圆形和反复的意象等等，举证中西文学、哲学、宗教的文本，论证东西方跨文化比较的价值。[2]

从张隆溪2011年出版的文集《一穀集》所附他本人

1　Zhang Longxi. *Allegoresis: Reading Canonical Literature East and West* [M]. Ithaca: Cornell University Press, 2005.

2　张隆溪. 比较文学研究入门 [M]. 上海：复旦大学出版社，2009：62.

的学术著作年表，我们知道他为东西跨文化研究作出了多么杰出的贡献。他在《中西文化研究十论》的自序中说："东西方的比较研究毕竟没有很长的历史，幼稚和肤浅是难免的，但只要有人愿意去努力，能够沉潜下去，默默下功夫，将来就总有做出成绩的一天。浅可以慢慢凿深，薄可以渐渐积厚，所以这方面的困难并非不可克服。"事实上，张隆溪在继承钱锺书先生学术风范之后，又给我们在跨东西文化的研究方面树立了标杆。而今，步入花甲之年的张隆溪，在学术领域犹如充满活力的青年，正奋马扬鞭，疾驰朝前。我们衷心祝愿他生命之树长青。

（本文根据发表于《中国比较文学》
2013年第1期的同题文章修改而成）

后记

唐代诗人李贺在《苦昼短》中写道："飞光飞光，劝尔一杯酒。吾不识青天高，黄地厚。惟见月寒日暖，来煎人寿。"时光飞逝，岁月不居。转眼之间，年过半百。回顾自己走过的路，说来简单，无非从学校到学校；所干活儿无非是读书与教书，是故本书名之曰"学学半"。

我们这一代人很庆幸能生活在如此伟大时代和伟大的国家。在新时代我国各行各业都在发奋图强，为实现中华民族的伟大复兴而努力奋斗。中国的外语教育事业为国家的改革开放作出了巨大贡献，也随着国家的富裕强大而突飞猛进。本人有幸参与和组织近年来外语教育改革，前辈和同行给了我许多教益，这里我尤其要感谢戴炜栋教授、何其莘教授、钟美荪教授、仲伟合教授、孙有中教授、张隆溪教授、陆建德教授等所提供的智慧与建议。教育部高教司、研究生司的许多领导给予了指导。书中的有些观点参考了国内外专家的相关著作，书中已经注明。本书的内容已分别发表在《外语教学与研究》《中国外语》《外语教学》《外语界》《中国比较文学》《中国翻译》《光明日报》《传记文学》《文景》《学位与研究生教育》《四川外语学院学报》等重要杂志和报纸上，有的是在全国或国际会议上的发言。此次收录进文稿中，做了一些必要的订正，引文也根据最新版原著作了核对。

在本书的写作和编辑过程中，我夫人郑燕虹教授除了在生活上大力关爱之外，还提出了许多好的意见。我的朋友与学生付出了辛劳，我要特别感谢罗常军、黄林、杨安、孙雄辉。该书得到了外语教学与研究出版社的支持，徐建中社长、李会钦分社社长、冯涛分社副社长、程序编辑、黄浩美编等给予了许多方面的关爱与帮助。在此，我一并致谢。

余虽不才，然心诚矣，文果载心，心有寄焉。